大家小书·译馆

Le Rire

[法] 柏格森　著

徐继曾　译

笑——论滑稽

北 京 出 版 集 团
北 京 出 版 社

图书在版编目（CIP）数据

笑：论滑稽 /（法）柏格森著；徐继曾译 . — 北京：北京出版社，2023.3

（大家小书 . 译馆）

ISBN 978-7-200-11823-0

Ⅰ. ①笑… Ⅱ. ①柏… ②徐… Ⅲ. ①滑稽（美学）—研究 Ⅳ. ① B83

中国版本图书馆 CIP 数据核字（2015）第 302666 号

总 策 划：高立志 王忠波　　责任编辑：王忠波
特约编辑：刘　瑶　　　　　　责任营销：猫　娘
责任印制：陈冬梅　　　　　　装帧设计：吉　辰

· 大家小书·译馆 ·

笑——论滑稽
XIAO—LUN HUAJI
[法] 柏格森　著　　徐继曾　译

出　　　版　北京出版集团
　　　　　　北京出版社
地　　　址　北京北三环中路 6 号
邮　　　编　100120
网　　　址　www.bph.com.cn
总 发 行　北京伦洋图书出版有限公司
印　　　刷　北京华联印刷有限公司
经　　　销　新华书店
开　　　本　880 毫米 × 1230 毫米　1/32
印　　　张　4.5
字　　　数　92 千字
版　　　次　2023 年 3 月第 1 版
印　　　次　2023 年 3 月第 1 次印刷
书　　　号　ISBN 978-7-200-11823-0
定　　　价　38.00 元

如有印装质量问题，由本社负责调换
质量监督电话　010-58572393

总　序

"大家小书"自2002年首辑出版以来，已经十五年了。袁行霈先生在"大家小书"总序中开宗明义："所谓'大家'，包括两方面的含义：一、书的作者是大家；二、书是写给大家看的，是大家的读物。所谓'小书'者，只是就其篇幅而言，篇幅显得小一些罢了。若论学术性则不但不轻，有些倒是相当重。"

截至目前，"大家小书"品种逾百，已经积累了不错的口碑，培养起不少忠实的读者。好的读者，促进更多的好书出版。我们若仔细缕其书目，会发现这些书在内容上基本都属于中国传统文化的范畴。其实，符合"大家小书"选材标准的非汉语写作着实不少，是不是也该裒辑起来呢？

现代的中国人早已生活在八面来风的世界里，各种外来文化已经浸润在我们的日常生活中。为了更好地理解现实以及未来，非汉语写作的作品自然应该增添进来。读书的感觉毕竟不同。读书让我们沉静下来思考和体味。我们和大家一样很享受在阅读中增加我们的新知，体会丰富的世界。即使产生新的疑惑，也是一种收获，因为好奇会让我们去探索。

"大家小书"的这个新系列冠名为"译馆"，有些拿来主义的意思。首先作者未必都来自美英法德诸大国，大家也应该倾听日本、印度等我们的近邻如何想如何说，也应该看看拉美和非洲学者对文明的思考。也就是说无论东西南北，凡具有专业学术素养的真诚的学者，努力向我们传达富有启发性的可靠知识都在"译馆"搜罗之列。

"译馆"既然列于"大家小书"大套系之下，当然遵守袁先生的定义："大家写给大家看的小册子"，但因为是非汉语写作，所以这里有一个翻译的问题。诚如"大家小书"努力给大家阅读和研究提供一个可靠的版本，"译馆"也努力给读者提供一个相对周至的译本。

对于一个人来说，不断通过文字承载的知识来丰富自己是必要的。我们不可将知识和智慧强分古今中外，阅读的关键是作为寻求真知的主体理解了多少，又将多少化之于行。所以当下的社科前沿和已经影响了几代人成长的经典小册子也都在"大家小书·译馆"搜罗之列。

总之，这是一个开放的平台，希望在车上飞机上、在茶馆咖啡馆等待或旅行的间隙，大家能够掏出来即时阅读，没有压力，在轻松的文字中增长新的识见，哪怕聊补一种审美的情趣也好，反正时间是在怡然欣悦中流逝的；时间流逝之后，读者心底还多少留下些余味。

刘北成

2017 年 1 月 24 日

序言[1]

本书包括笔者之前在《巴黎评论》[2]发表的三篇关于笑的文章（说得更精确些，应该是关于"由滑稽引起的笑"的文章）。当笔者把这三篇文章汇成一卷的时候，也曾想过是否应该把前人有关的想法做一番彻底的考察，把关于笑的各种理论做一番正式的批判。后来一想，如果这样做的话，这一部论述就将大为复杂，篇幅也将大得和所研究的题目极不相称。同时，关于滑稽的种种定义，在文中谈到有关的例子时，也都直接间接地讨论到了，尽管不免失之过简。因此笔者对原文未加增补即重新发表，仅将近三十年来有关滑稽的主要著作

1　这是作者为本书第二十三版（1924）写的序。

2　《巴黎评论》（*Revue de Paris*）1899年2月1日及15日，3月1日。

列表附后[1]。

　　自本书初版后，又有许多新的著作发表，本文后面的附表较前又已增长。但笔者仍未对原著进行任何修改。当然并不是说那些著作在笑这个问题上对笔者毫无启发，而是因为笔者所用的方法与一般不同，目的在于决定滑稽的制造法，而一般所用的方法的目的则在于将各种滑稽效果纳入一个过于广泛、过于简单的公式。这两种方法并不互相排斥，但第二种方法所得的任何结果并不足以改变第一种方法所得的结果，而在笔者看来，唯有第一种方法包含科学的精确性与严密性。关于这一点，请读者注意本版篇末所增附录是幸。

亨利·柏格森

1924年1月于巴黎

1　附表从略。

目 录

第一章

泛论滑稽

笑的含义怎样？可笑事物当中到底有些什么东西？在丑角所扮的鬼脸、文字游戏、滑稽剧中的误会、高级喜剧中的场面等之间，有什么共同的东西？形形色色的产物有的逸出不雅的气味，有的散发美妙的芳香。究竟有什么方法可以把这些产物共同的精华提炼出来？自亚里士多德以来，最伟大的思想家都曾经碰过这个小小的问题，然而这个问题却总是躲闪、溜走、逃脱，最后又突然出现，对哲学的思想提出傲慢的挑战。

我们之所以也来处理这个问题，那是因为我们并不想给滑稽味下一个定义就了事。我们认为滑稽味首先是个活生生的东西。不管它是如何微不足道，我们也要以对待生活同样的尊敬来对待它。我们所做的将限于观察它如何成长，如何开花结果。滑稽味通过一些不易觉察的阶段，从一个形式到另一个形式，进行着非常奇特的形变。我们对所观察到的任何现象都不应有丝毫忽视。通过这样持续的接触，我们也许可以获得比抽象的定义灵活一些的东西，获得一些实际的、亲切的认识，就像是和朋友长期交往所获得的认识一样。也许我们会在不经意之间获得有用的知识。滑稽味即使在它最偏离正轨的表现当中，总也有它一定的道理；滑稽味带有一定的疯狂的意味，但它的疯狂总也根据一定的方式；滑稽味带有梦幻的性质，但在梦幻之中却能唤起一些为整个社会立即接受和理解的幻象。这样，它怎能不在人类的想象力的活动过程，特别是社会的、集体的、大众的想象力的活动过程方面，对我们有所启发呢？滑稽味是现实生活的产物，与艺术血肉相连，它又怎能不把它对艺术和生活的看法告诉我们？

我们将首先提出我们认为是基本的三点看法。这些看法与滑稽本身的关系较少，而与应该到哪里去寻求滑稽这个问题的关系更为密切。

一

我们请读者注意的第一点是：在真正是属于人的范围以外无所谓滑稽。景色可以美丽、幽雅、庄严、平凡或者丑恶，但绝不会可笑。我们可能笑一个动物，但那是因为在这个动物身上，我们看到一种人的态度或表情。我们可能笑一顶帽子，但我们所笑的并不是这片毡或者这些草帽辫，而是人们给帽子制成的形式，是人在设计这顶帽子的式样时的古怪念头。这个事实是这样重要，这样简单，却没有引起哲学家们足够的注意，实在令人不解。许多哲学家给人下了这样一个定义，说人是"能笑的动物"。其实他们同样可以说人是"引人发笑的动物"，因为如果其他动物或者无生命的物体引人发笑，那也是因为这个动物或者这个物体有与人相似的地方，带有人印刻在它们身上的某些特色，或者人把它们做了特殊的用途。

其次，同样值得注意的一点是：通常伴随着笑的乃是一种不动感情的心理状态。看来只有在宁静平和的心灵上，滑稽才能产生它震撼的作用。无动于衷的心理状态是笑的自然环境。笑的最大的敌人莫过于情感了。我并不是说我们不能笑一个引起我们怜悯甚至爱慕的人，然而当我们笑他的时候，必须在顷刻间忘却这份爱慕，扼制这份怜悯才行。在一个纯粹理智的社会里，人们也许不再哭泣，然而他们可能笑得更多；而在另外一个社会里，如果人们的心都是毫无例外地感情丰富，生活都是和谐协调，一切事情都会引起感情的共鸣，那他们是不会认识也不会理解笑的。你不妨试一试，在片刻之间，你对别人的一言一行都感兴趣，设想你跟他们一起行动，感他们之所感，而且把你的同感扩展到最大限度，那时你就会像是受着魔棍的支配，觉得最微不足道的东西也变得重要了，一切事物都抹上一层严重的色彩。现在你把自己解脱出来，作为一个无动于衷的旁观者来参与生活，那时许多场面都将变成喜剧。在舞厅里，我们只要把耳朵捂上不去听那乐音，立刻就会觉得舞客滑稽可笑。人类的行为当中有多少能经得起这样的考验？我们不是可以看到有许多动作，如果和与之相伴的感情音乐孤立起来，顷刻之间就会从严肃变为可笑吗？因此，为了产生它的全部效果，滑稽要求我们的感情一时麻痹。滑稽诉之于纯粹的智力活动。

不过，这样一种智力活动必须和别人的智力活动保持接触。这是我们要提请注意的第三个事实。如果一个人有孤立的感觉，他就不会体会滑稽。看起来笑需要有一种回声。请注意：这不是一个发出来了就算了事的清楚分明的声音，而是一个需要由近及远反响不绝的声音，像空谷中的雷鸣一般，轰隆一声以后便轰鸣不已。当然，这样的反响不会继续到无穷远处。它可以在一个尽量扩大的范围里前进，然而总是有一个范围的。我们的笑总是一群人的笑。你也许在火车里或者餐桌上听过旅客们相互讲一些在他们认为是滑稽的故事，大家畅怀大笑。如果你参加他们的集体，你也会跟他们一样地笑。然而如果你没有参加他们的集体，你就根本不想笑。有一次，有个牧师在讲道，所有的人都落泪，唯独有一个人不哭。别人问他为什么不哭，他答道："我不是这个教区的。"这个人对眼泪所发表的见解，用到笑上更加妥切。不管你把笑看成是多么坦率，笑的背后总是隐藏着一些和实际上或想象中在一起笑的同伴们心照不宣的东西，甚至可说是同谋的东西。我们不是常说吗：在戏院里，场子坐得越满，观众就笑得越欢。我们不也常说吗：许多与特定社会的风尚和思想有关的滑稽效果，是无法从一种语言翻译成另一种语言的。可是有人却不懂得这两个事实的重要性，从而把滑稽看成是使人心得到娱乐的单纯的好奇，把笑看成是和人类其他活动毫无关联的孤立而奇怪的现象。由此可见，那些把滑稽说成是被精神感觉到的概念之间的抽象关系，说成是"智力性质的对比""明显的荒谬"，等等定义，尽管它们实际上符合滑稽的各种形式，却根本解释不了滑稽的事物为什么令人发笑。的确，到底为什么偏偏是这一个特定的逻辑关系一被我们感觉到，就感染我们，使我们欢快，震撼我们，而我们对其他一切逻辑关系都无动于衷呢？我们将不从这个方面来处理问题。要理解笑，就得把笑放在它的自然环境里，也就是放在社会之中；特别应该确定笑的功利的作用，也就是它的社会作用。让我们现在就说清楚，这才是我们全部研究的指导思想。笑必须适应共同生活的某些要求，笑必须具有社会意义。

让我们把我们这三个初步的看法的交叉点明确地指出来：当一群人全都把他们的注意力集中到他们当中的某一个人身上，不动感情，而只运用智力的时候，就产生滑稽。那么他们的注意力应该集中到哪一点上呢？他们的智力应该运用到什么上面去呢？回答这些疑问，就已经把问题深入一步了。这里必须列举几个例子。

二

有一个人在街上跑，绊了一下脚，摔了一跤，行人笑了起来。我想，如果人们设想这个人是一时异想天开，在街上坐了下来，那他们是不会笑他的。别人之所以发笑，正是因为他不由自主地坐了下来。因此，引人发笑的并不是他姿态的突然改变，而是这个改变的不由自主性，是某些笨拙。街上也许有一块石头。原该改变速度，或者绕过障碍。然而由于缺乏灵活性，由于疏忽或者身体不善应变，总之，由于僵硬或是惯性的作用，当情况要求有所改变的时候，肌肉还在继续进行原来的活动。这个人因此摔了跤，行人因此笑了。

又假设有一个人，他的日常生活极有规律。可是他身边的东西给一个恶作剧的人弄得一塌糊涂。他把钢笔插进墨水瓶，抽出来时却满笔尖都是污泥。他以为是坐到一把结实的椅子上，结果却仰倒在地板上。总之，由于惯性的关系，他的行动和他的意图适得其反，或者是处处扑空。习惯推动着他，他原该停止行动，或者是停止不假思索的行动。可是不，他还是循着直线方向机械地前进。这个恶作剧的受害者所处的境遇和上面所说的奔跑摔跤的人相类似。在两种情况当中，在要求一个人集中注意力，灵活应变的时候，他却是有一定程度的机械的僵硬。这两种情况之间唯一的差别是，前者是自发产生的，后者是人为地制造出来的。在前一情况，行人不过是观察而已，而在后一情况，那个恶作剧者却是在进行实验。

不管怎么样，在这两种情况当中，决定效果的还都是外部条件。滑稽因此是偶然的，可以说是停留在人物表面上的。滑稽怎么深入到人物内部去呢？那就需要这种机械的僵硬无须偶然条件或者别人恶意设置的障碍，就能表现出来。那就需要这种僵硬从它自身的深处，以很自然的方式，不断找到表现出来的机会。让我们设想有这么一个人，他的脑子总是想着他刚做过的事情，从来也不想他正在做的事情，就跟唱歌的人唱出来的歌词落后于伴奏一样。再设想有这么一个人，他的感官和智力都很迟钝，他看到的是已经不再存在的东西，听到的是已经不再响的声音，说出的是不合时宜的话。总之，当目前的现实要求他有所改变的时候，他却去适应已经过去的或者是想象中的情况。这一回，滑稽就在人物身上落了脚，是这个人为滑稽提供了一切：材料和形式、原因和机会。我们刚才所描写的那些心不在焉的人一般地会激起喜剧作家的诗情，这也就不足为奇了。当拉·布吕耶尔[1]在路上碰见这样的人物的时候，他就对他进行分析，从而找到一张可以大量制造滑稽效果的配方。可是他用得有些过火。他对梅纳尔克这个人物做了最冗

1　拉·布吕耶尔（La Bruyère），17世纪法国作家，著有《性格论》（*Les Caractères*）。其中有杰出的人物写照。

长、最烦琐的描写，反反复复，颠来倒去，弄得臃肿不堪。由于题目容易，作者就不肯罢休。心不在焉诚然不是滑稽的源头，但确实是直接来自源头的一条事实与思想的干流。这是一种重要的笑料。

心不在焉的效果还可以加强。有这么一条普遍的规律，我们刚才所说的正是这条规律的初步运用。这条规律可以这么表述：当某一个滑稽效果出自某一原因时，那么，我们越是觉得这个原因顺乎自然，滑稽效果就显得越大。把心不在焉作为简单的事实表现出来，我们已经不免发笑。假如我们亲眼看着这个心不在焉出生成长，知道它的根源，对它的来龙去脉都能交代出来，那么它就更加可笑。还是举个具体的例子吧。假设有这么一个人，经常阅读爱情小说或者骑士小说。久而久之，他的思想和意向便逐渐向往他所醉心的人物，结果竟像梦游症患者一样在人群中踯躅。他的行动都是些心不在焉的行动，只不过所有这些行动都可以找到一个可知的、确切的原因。这里已经不再是单纯地由于缺了什么东西；这些行动应该用某一个虽属想象中的，但却十分明确的环境中的人物的出现来解释。当然，摔一跤总是摔一跤，但是由于双眼看着别处而失足落井是一回事，由于双眼瞪着天上的星星而掉下去，那就又是一回事了。堂吉诃德凝视的不正是一颗星星吗！发自小说情趣和空想精神的滑稽是何等深刻啊！但是，假如你把心不在焉这个概念作为媒介，那就可以看出，这种很深刻的滑稽是和最肤浅的滑稽联系在一起的。的确，这些空想家、狂热者、合理得出奇的疯子，都和前面所说的那个工作室里恶作剧的受害者以及在街上摔倒的人一样，拨动我们同样的心弦，使我们心中同样的机件发动起来，同样引我们发笑。他们也是在奔跑的时候摔了跤，也是被人捉弄的无辜受害者，是在现实面前绊倒摔下的理想追逐者，是被生活恶意地窥视着的天真的梦想家。不过他们首先是头等的心不在焉的人，具有比其他心不在焉的人所不及的优越性，那就是他们的心不在焉是系统的，是围绕着一个中心思想的；他们的多种倒霉遭遇也是互相联系的，是被生活用来纠正梦想的无情的逻辑联系在一起的；而且他们用能以互相增强的效果，在他们的周围激起无限的扩散的笑声。

现在让我们再往前走一步。某些缺点与性格的关系不是正和僵化固定的观念与智力的关系一样吗？缺点是品质的一个瑕疵，是意志的一个僵块，它时常像是心灵的一个扭曲部分。当然，也有这样一些缺点，整个心灵以其全部充沛的力量深深地扎根其间，煽动它们，带动它们以各种不同的形态不断活动。这些是悲剧性的缺点。然而使我们变得可笑的缺点则恰恰相反，它是人们从外部带给我们的缺点，就像是一个现成的框子，我们钻了进去。这个框子不向我们的灵活性学习，却强使我们接受它的僵硬性。我们无法把这个框子变得复杂些，相反地倒是这个框子使我们简单化。看来喜剧和正剧的首要差别就在这里——这一点，我们试图在本书的最后一部分详细阐明。一部正剧，即使当它刻画一些各有名称的激情或缺点的时候，这些激情和缺点跟人物也是这样紧密地结成一体，以至它们的名称被人遗忘，它们的一般性质消失不见，我们根本就不去想它，所想的只是身上附着这些激情或缺点的人物。因此，正剧的标题几乎只能是一个专有名词。与此相反，许多喜剧的标题用的是普通名词，例如《吝啬鬼》[1]《赌徒》[2]等等。如果我请你设想一部可以称之为《嫉妒者》的剧本，你便会发现，涌上你脑际的将是《斯卡纳赖尔》[3]或是《乔治·唐丹》[4]，而绝不会是《奥赛罗》，因为《嫉妒者》只能是一部喜剧的标题。不管你怎样想把喜剧性的缺点和人物紧密结合起来，喜剧性的缺点并不因此就不保持它独立而单纯地存在。它依然是在场而又看不见的中心人物，有血有肉的人物只不过是在舞台上依附着它罢了。有时，它以自身的力量拖着他们前进，拽着他们一起滚下坡去，以此来取乐。可是在更多的场合，它像弹奏乐器那样玩弄他们，把他们当作木偶一样来操纵。你如果仔细观察一下，就会发现，喜剧作者的艺术就在于使我们充分认识这个缺点，使我们观众和作者本人如此亲密无间，结果掌握了他所要的某些操纵木偶的提线，而我们也就跟着他耍了起来。我们的一部分乐趣正是由此而来的。因此，在这里，使我们发笑的还是一种自动机械的动作，一种和单纯的心不在焉非常相近的自动机械的动作。要信服这一点，只消注意一下这样的事实就行

1　17世纪法国伟大的喜剧作家莫里哀的作品。

2　18世纪法国喜剧作家列雅尔（Resnard）名著之一。

3　莫里哀的作品。

4　莫里哀的作品。

了：一个滑稽人物的滑稽程度一般地正好和他忘掉自己的程度相等。滑稽是无意识的。他仿佛是反戴了齐吉斯[1]的金环，结果大家看得见他，而他却看不见自己。一个悲剧人物并不会因为知道我们怎样估量他而稍微改变他的行为。他将坚持他的作为，甚至充分意识到他是怎样一个人，甚至十分清楚地感觉到他在我们心中激起的恐惧。可是一个可笑的缺点就不同，当一个人感觉到自己可笑，马上就会设法改正，至少是设法在表面上改正。如果阿尔巴贡看到我们笑他的吝啬，虽不见得从此就改掉自己的毛病，至少总会在我们面前少暴露一些，或者用别的方式暴露出来。所谓笑能"惩罚不良风尚"，正是这个意思。笑使我们立即设法摆出我们应有的模样，结果我们有朝一日也就当真成了这副模样。

目前没有必要把这个分析深入进行下去。从摔跤的奔跑者到被人捉弄的无辜者，从被人捉弄到心不在焉，从心不在焉到狂热，从狂热到意志和性格的种种变态，我们已经一步一步地看到滑稽越来越深入到人物中间去的发展过程。而我们总是记得，在最精细的表现形式当中，也有在较粗形式当中的某些东西，那就是那种机械动作和僵硬性。我们现在就可以对人性的可笑面，对笑的一般功能有一个初步的看法，当然这只是站在远处，不免模糊不清的一瞥。

---

1 齐吉斯（Gygès）是公元前7世纪小亚细亚吕底亚的一个牧童，后来当了国王。相传他有一个金环，戴上以后别人就看不见他。

生活与社会要求我们每一个人的是经常清醒的注意，能够明辨目前情况的轮廓，要求我们的身体和精神具有一定的弹性，使我们得以适应目前的情况。紧张与弹力，这就是由生活发动的两种相辅相成的力量。如果我们的身体严重地缺乏这两种力量，那就会出现各式各样的意外，发生残废或疾病。如果我们的精神严重地缺乏这两种力量，那就会发生各种不同程度的心理缺陷，各种不同形式的精神错乱。如果我们的性格严重地缺乏这两种力量呢？那就会对社会生活极度地不相适应，而这将是痛苦的根源，有时甚至是罪恶的渊薮。人们一旦能免去这些影响生活的弱点（这些弱点在所谓生存竞争中有被消除的趋势），就能活下去，就能和别人一起活下去。然而社会还要求别的东西。光是活下去还不够，还得生活得好。现在社会所担心的是我们每一个人满足于对生活必需方面的事情的注意，而在其他一切方面都听任习惯势力的机械性去摆布。社会也害怕它的成员对那越来越紧密地交错在一起的众多意志不去做越来越细致的平衡，却满足于尊重这个平衡的基本条件。单靠人与人之间自然而然的协调是不够的，社会要求人们经常做出自觉的努力来互相适应。性格、精神甚至身体的任何僵硬都是社会所需要提防的，因为这可能表示有一部分活力在沉睡，有一部分活力孤立起来了，有一种与社会运行的共同中心相脱离的趋势，也就是一种离心的倾向。然而在这种情况下，社会不能对它进行物质的制裁，因为社会并没有在物质方面受到损害。社会只是面临着使它产生不安的什么东西，而这也不过是一种征候而已，说是威胁都还勉强，至多只能算得上是一种姿态罢了。因此社会只能用一种姿态来对付它。笑就应该是这样一种东西，就应该是一种社会姿态。笑通过它所引起的畏惧心理，来制裁离心的行为，使那些有孤立或沉睡之虞的次要活动非常清醒，保持互相的接触，同时使一切可能在社会机体表面刻板僵化的东西恢复灵活。因此，笑并不属于纯粹美学的范畴，它追求改善关系这样一个功利的目的（在许多特定的情况下，这种追求是无意识，甚至是不道德的）。然而，笑当中也有美学的内容，因为滑稽正是产生于当社会和个人摆脱了保存自己的操心，而开始把自己当作艺术品看待的那一刻。总之，假如你画一个圈子，把那些有损个人生活或社会生活，由于其自然后果而遭到惩罚的行为和气质圈在里面，那么还有些东西是留在这个情感和斗争的领域之外的，那就是身体、精神和性格的某种僵硬。它处在一个人们出乖露丑的中间地带。社会要进一步消除这种身体、精神和性格的僵硬，使社会成员能有最大限度的弹性，最高限度的群性。这种僵硬就是滑稽，而笑就是对它的惩罚。

我们暂时不必要求这个简单的公式给各种滑稽效果都立即做出一个解释来。这个公式无疑是适合那些基本的、理论的、完的情况的，在这些情况中，滑稽是纯而又纯，没有一点杂质的。但是我们却要把这个公式看成是存在于各种解释中的主导主题。我们应该随时想着它，但又不要过分强调——这有点像是一个优秀的击剑运动员，他应该记住练习时的那些不连贯的基本动作，而他的身体却专心致志于连续的出击。现在我们试图探索的正是贯串各种滑稽形式的连续性。为此，我们要掌握从小丑的滑稽动作直到喜剧的最精细的玩意儿这一条线索，对这条线索中那些时常是出乎意料的转弯抹角都不放过，不时停下向四周张望张望，直到最后——如果可能的话——上溯到这条线悬挂的地方。在那里，我们也许将发现艺术和生活的一般关系，因为滑稽是摇摆于生活和艺术之间的。

三

让我们从最简单的开始。什么是滑稽的面相？面部的可笑的表情是怎么来的？面部的滑稽和丑的区别在哪里？问题这样提法，几乎只能给以武断的解答。问题看来虽然简单，但是要从正面去处理它，已经够难的了。这就首先要给丑下个定义，然后看滑稽在丑上又添了些什么。然而分析丑并不比分析美容易多少。我们还是来试一试我们常用的巧计吧。让我们把效果放大，直到把原因显示出来，从而把问题突出。那么，就让我们把丑加强，使它达到畸形的程度，再来看一看畸形怎样能转变为可笑。

毫无疑问，在有些情况下，某些畸形比其他畸形更易于引人发笑。用不着仔细谈，只要请读者把各式各样的畸形检阅一番，把它们分成两类：一类是自然本来就把它引到可笑那方面去的畸形；另一类则是绝对和可笑连不起来的畸形。我们认为，这就可以得出下列规律：常人能够模仿的一切畸形都可以成为滑稽的畸形。

驼背不是给人以一个站不直的人的印象吗？他的背好像养成了一种不良的习惯。由于物质上的顽固，由于僵硬，他这个习惯便积重难返。你试着单用眼睛去看，不要思索，更千万不要进行推理；把你预先形成的印象消除掉，去探索纯真的、直接的、原始的印象。你所获得的准是这样一种景象：在你面前的将是这样一个人，他要僵着于某一个姿态，同时——如果可以这样说的话——他是要让他的身体做鬼脸。

现在让我们回到我们要阐明的那一点上来。当我们把可笑的畸形的严重程度减弱的时候，我们应该可以得到滑稽的丑。因此，一个可笑的面部表情将是这样一个表情，它使我们想起那是普通活动自如的颜面上的某种僵化了的、凝固了的东西。我们看到的是一种凝固了的肌肉痉挛、一个固定的鬼脸。有人也许会说，面部通常的一切表情，哪怕是优雅美丽的表情，不是同样给人以那种永久的习惯的印象吗？这就需要指出一个极其主要的区别。当我们说一种富有表情的美，甚至说一种富有表情的丑，当我们说颜面上带有表情的时候，这里所指的也许是一个稳定的表情，但是我们可以猜想出这个表情是可以变动的。这个表情在固定之中依然保持着某种游移，从中依稀流露出它所表达的精神状态中的多种细微差别，正如雾气弥漫的春晨预示着白昼的炎热一样。可是滑稽的面部表情却除了这个表情本身以外就不再表示别的什么东西。这是一个单一的、确定的鬼脸。简直可以说是这个人的全部精神生活都结晶在这个形式当中了。所以颜面越是善于把可能概括这个人的人格的简单的、机械的动作暗示出来，它就越滑稽。有些脸看来好像老是在哭，有些好像老是在笑或者吹口哨，还有的好像老是在吹着一支无形的喇叭。这些都是最滑稽的脸。原因解释起来越顺乎自然，滑稽效果便越大这一条规律在这里又得到了证实。机械动作、僵硬、积重难返的痕迹，这些就是颜面所以引人发笑的原因。然而，如果我们能把这些特点和一个深刻的原因，和这个人的某种带有根本性质的心不在焉（他的心灵仿佛是被某种简单动作迷惑住，催眠了一样）联系起来，那么滑稽效果还能增强。

我们这就可以理解漫画的滑稽性了。颜面无论怎样端正，线条无论怎样协调，动作无论怎样柔和，颜面总不可能取得绝对完美的平衡，总可以在这上面找到一点瑕疵的苗头，找到可能发展成为鬼脸的轮廓。总之，总有一些为大自然所扭曲而走样的地方。漫画家的艺术就在于捕捉住这个时常不易觉察的趋势，把它扩大出来给大家看。他把他的模特儿尽情地扮鬼脸时可能扮出的模样表现出来。在表面和谐的形式下，他看出内容中潜在的冲突。他把在自然界中以不成熟状态存在着，因受较优秀的力量的阻碍而未能形成的比例失调和畸形发展体现出来。他那带有几分魔性的艺术，把被天使打翻在地的魔鬼扶了起来。当然，这是一种夸张的艺术，然而如果说夸张就是它的目的，那么这个定义就很不正确了，因为有的漫画比肖像画还要逼真，有的漫画中的夸张几乎感觉不出来。相反，过分的夸张也未必能得到真正的漫画效果。为了使夸张成为滑稽的夸张，必须使它不致显得是目的，而只是画家为了表现他在自然中所看到的正在冒头的畸形发展的手段。重要的是这种畸形发展，使人感到兴趣的也是这种畸形发展。正是为了这个缘故，我们才在不能活动的五官当中，在鼻子的曲线当中，甚至在耳朵的形状当中去寻找这种畸形发展。因为在我们看来，形式是运动的图像。漫画家改变一个鼻子的大小，但遵照鼻子的格局——譬如说，把鼻子按照自然赋予它的方向伸长——这就真正使鼻子扮出了一个鬼脸。这么一来，我们就仿佛觉得那个作为原型的鼻子也想伸长，也想扮鬼脸了。在这个意义上，我们可以说，自然本身也时常取得漫画家的成就。当自然把这个人的嘴咧到耳边，把那个人的下巴缩下半截，又把第三个人的腮帮鼓得高高的时候，似乎它也战胜了比较合乎理性的温和势力的监督，终于尽情地扮了一个鬼脸。这时我们所笑的面貌可以说就是这个面貌自身的漫画了。

总而言之，不管我们的理智信奉的是哪一种学说，我们的想象却有它自己的明确的哲学：在任何人的身体上，我们的想象都看得出某一种精神按照自己的心意赋予物质以一定形式而做的努力。这种精神无限灵活，恒动不息，不受重力的节制——因为吸引着它的并不是地球。它以羽翼般的轻盈给它赐予生命的那个物体注入一点东西：这种注入物质中去的灵气就叫作雅。然而物质却拒不接受。它把这个高等本质的永远生动活泼的活力拽将过来，把它化为毫无生气的东西，使之蜕化为机械的动作。它要把身体上灵活变化的动作化为笨拙固定的习惯，把面部生动活泼的表情凝成持久不变的鬼脸，进而迫使整个人具有这样一种姿态，显得他专心致志地陷入某种机械性的事务而不能自拔，却不争取在与生气勃勃的理想接触之中使自己不断革新。凡是在物质能够像这样子从外部麻痹心灵的生命、冻结心灵的活动、妨碍心灵的典雅的地方，它就使人的身体产生一个滑稽的效果。因此，如果有人要通过把滑稽和它的对立物相比而为滑稽下一个定义的话，那么与其把滑稽和美对立，不如把它和雅对立。滑稽与其说是丑，不如说是僵。

四

我们现在要从形式的滑稽转到姿势和动作的滑稽。让我们首先把我们所认为的这方面的规律说一下。这个规律很容易从前面所说的几点看法当中推演出来。

人体的体态、姿势和动作的可笑程度和这个身体使我们联想起一个简单机械装置的程度恰恰相当。

我们不来细谈这个规律的直接应用，因为例子是举不胜举的。若要给这个规律以一个直接的证明，我们只消仔细研究一下滑稽画家的作品就行了。但是我们要把滑稽画中的漫画成分撇开，因为我们已经对它做了专门的解释。我们也将把不是图画本身所固有的滑稽因素略去不论。有一点我们不应该弄错：图画的滑稽时常是假借的滑稽，而文学是它的主要来源。这就是说，画家可以同时是一个讽刺作家，甚至是一个滑稽戏作家，这样，人们与其说是笑图画本身，毋宁说是笑它所表现的讽刺或者喜剧场面。然而如果努力把全部注意力集中于图画本身，那你就会发现，画家越明确越巧妙地使我们觉得画中人物是一个活的木偶，图画也就越显得滑稽。这种暗示必须明确，使我们像是隔着一层透明的物质，清楚地看到人物内部那副可拆卸的机械装置。这种暗示又必须巧妙，必须使这个人物的四肢都僵化成为机械零件，但我们又感觉他的整体是继续活着的。人物的形象和机械的形象两者越是紧密糅合，滑稽效果也就越加显著，画家的艺术也就越高明。滑稽画家的特色取决于他注入木偶的是哪种特定类型的生命。

我们现在把这个原则的直接应用暂时搁置不论，先来看看隔得比较远一些的后果。虽然在许多可笑的效果当中，都可以看到有一个在人物内部活动着的机械装置，然而这种幻象在很多时候转瞬即逝，立即在它激起的笑声中消失了。为了使这个幻象固定下来，必须下一番分析和思考的功夫。

譬如说，有这么一位演说家，他的姿势和言辞争妍。姿势妒忌言辞独自逞能，脑子里的思想一出，姿势就紧随而来，也要求充当思想的表达者。来就来吧，可是你得约束约束自己，紧密跟上思想的发展才行。思想这个东西从演说开始到结束，逐步生成、发芽、开花、成熟。它从不中断，从不重复。它必须时刻变动，因为停止变动就是停止生存。但愿姿势也和思想一样永远生机盎然！但愿它接受生命的基本规律，那就是决不重复！然而演说家的胳臂或者头部的某一动作却周期性地重复着，而且毫无变化。如果我注意到这个动作，如果这个动作使我分了心，如果我等待这个动作而它果然在我预期的时刻出现，那么我就要不由自主地笑起来。为什么呢？因为现在在我面前的是一个自动运行的机械装置。这不再是生命，而是装在生命之中，模仿生命的机械动作。这就是滑稽。

有些姿势，我们并不想笑它，然而一经别人模仿，就变得可笑，也是这个道理。有人为这个十分简单的事实找了许多极其复杂的解释。其实我们只要对这个事实稍加思考，就会看到，我们的精神状态是时刻变动着的，如果我们的姿势忠实地配合我们的内心活动，如果它们跟我们一样是有生命的东西，那么它们就不会重复。因此，姿势原是不容许任何模仿的。只有当我们失去控制，不再是我们自己的时候，别人才能模仿我们。我的意思是说，人们只能模仿我们的姿势当中机械一致，从而是与我们活泼生动的人格不相干的东西。所谓模仿别人，那就是把他身上机械自动的部分抽取出来。这也就是使它变得滑稽，因此，模仿引人发笑，也就不足为奇了。

如果说模仿姿势本身已经可笑，那么，当模仿时同时努力在不使原姿势变形的范围内，把它们引到某种机械性的操作，例如锯木、打铁、不断拉铃绳上去，这种模仿就更加可笑了。庸俗并不是滑稽的要素（虽然它肯定有些作用）。倒是当人们可以把一个姿势和机械性的操作联系起来，仿佛它具有机械的本性时，这个姿势的机械性才更加明显。把这机械性暗示出来，是把严肃的文学作品篡改成为滑稽作品的所谓仿拟的常用手法之一。我们方才是用演绎法把这个手法推演出的，然而丑角演员显然早就通过直觉意识到这一点了。

帕斯卡[1]在《思想录》的某一段中说："两副相似的面容，其中任何一副都不能单独引人发笑，放在一起时便由于其相似而激起笑声。"上面所说的，便破了帕斯卡这句话里提出的小小的谜语。我们也可以说："演说家的姿势，其中任何一个的本身都并不可笑，但由于重复而引人发笑。"那是因为生动活泼的生活原不应该重复。哪儿有重复，有完全的相似，我们就怀疑在生动活泼的东西背后有什么机械装置在活动。请你把面对两个十分相似的面貌时的印象分析一下吧。你将看到，你是在想到从同一个模子里铸出来的两件产品，同一个图章打出来的两个印记，同一块底版洗出来的两张相片，甚至想到工业制造的过程。把生活导引到机械方面去，这就是这里引人发笑的真正原因。

1　帕斯卡（Pascal），17世纪法国著名的散文家、哲学家、物理学家、数学家。《思想录》（*Les Pensées*）是一部散文杰作。

如果舞台上出现的不是像帕斯卡那个例子那样只有两个人，而是好几个，甚至尽可能多，他们彼此相似，一起来来去去，奔走舞蹈，在同一时刻采取同样的姿态，做出同样的手势，那观众就笑得越发厉害了。这时候，我们清楚地想起许多木偶。我们觉得有许多看不见的线把他们的胳臂相互连在一起，把他们的腿相互连在一起，把这个人脸上的某一条肌肉跟那个人脸上相应的一条肌肉相互连在一起。一致动作的执拗性使得身体的灵活柔和也在我们眼前凝固起来，使得一切都僵化成为机械。这就是这种多少有点浅薄的游艺节目的诀窍。表演这种节目的演员也许并没有读过帕斯卡，然而他们却充分实践了帕斯卡那段话所暗示的思想。如果说在第二种情况中笑的原因是由于产生了机械作用的幻象，那么在第一种情况中也应该是如此，不过较为隐晦罢了。我们如果沿着这条路继续走下去，就会大致看到前面所提的那条规律的一些越来越深远，也越来越重要的后果。我们会看到机械作用的更加不易捉摸的幻象，看到那些不再仅仅是人的姿势暗示的幻象，而是人的复杂行动暗示的幻象。我们猜想，喜剧的常用手法——词句或场面的周期性的重复、角色的对称式的地位转换、误会有规则的发展以及其他许多玩意儿——它们的滑稽力量都来自同一源泉。滑稽剧作者的艺术也许就在于为人间事件保留逼真的外表，也就是保留生活中表面的灵活性的同时，显示出人间事件的显然机械性的互相关联。但是我们暂时还是不必预言那些随着分析的进一步深入必将系统地得出的结果吧。

五

在更进一步之前，让我们稍事休息，向四周环顾一下吧。我们在本书开始时就说过，要从一个简单的公式里把所有的滑稽效果都导引出来，只是一种妄想。从某种意义上来说，这样的公式是有的，不过它却不是沿着一条直线发展的。这就是说，在演绎过程中，我们必须不时在关键性的效果上停下来，而这些效果当中的每一个都好像是一些范本，在它的周围存在着与之相似的新的效果。这些新的效果不能从公式演绎出来，但由于它们与从公式演绎出来的效果有亲属关系而滑稽。让我们再一次引用帕斯卡的话，把思想的进程用几何学家称之为摆线的那种曲线来说明吧。摆线就是当车辆沿直线方向前进时轮周上某一点的轨迹。这一点随车轮转动，同时又随整个车子前进。我们也可以设想森林中的一条大道，道上不时有些十字路口。人们在每个路口四下转一圈，搜索一下岔出去的各条路，然后回到原来的方向。我们现在就面临着这样一个路口。镶嵌在活的东西上面的机械的东西，这就是一个应该停下来瞧一瞧的路口。这是一个中心的形象，我们的想象力从此朝种种方向发射出去。朝哪些方向？有三个主要的方向。现在我们就来朝着这三个方向——探索，然后回到那条笔直的大道上来。

（一）首先，活的东西和机械的东西掺杂在一起这样一个景象，把我们的注意力吸引到一个比较模糊的，带有某种僵硬性的形象上去。这种僵硬性对生动活泼的生活起着作用，试图笨手笨脚地追随它前进，模仿它的灵活性。这样，我们就不难设想，一件衣服是怎样容易变得滑稽可笑。几乎可以说，任何一种式样的衣服都有某些可笑的方面。只不过如果是一种当前还流行的式样，我们对这式样是这样习惯，也就把衣服看成是和穿衣服的人结成一体了。我们的想象力不把它和穿衣服的人分离开。我们也不会想起要把覆盖物的死板和所覆盖的内容的灵活对立起来。因此，在这里，滑稽就停留在潜在状态。只是在覆盖物与所覆盖的内容之间的不相适合达到这样的程度，以至虽然长期相处，结合仍不巩固的时候，滑稽才冒出头来。例如高顶大礼帽就是这种情形。而假设有这么一个怪人，穿上过时的装束，那么我们的注意力便会集中到服装上去，觉得它和那个人格格不入，会说这个人是化了装。（倒好像普通的服装并不使人的外貌改变似的！）这样，衣服式样的可笑面就从潜在状态转入暴露状态了。

现在我们开始初步看出滑稽这个问题引起的某些细节方面的重大困难。关于笑的许多错误或不充分的理论之所以产生，其原因之一就是因为有许多有资格成为滑稽的东西，由于连续的习惯，滑稽的性质被麻痹了，事实上就不再滑稽了。要使这个滑稽的性质重新苏醒，必须破除这个连续的习惯，跟时尚决裂。人们可能认为是这个连续习惯的破除产生了滑稽，事实上它不过是使我们注意到原来就存在的滑稽而已。有人用意外、对比这样一些同样也可以适用于我们根本不想笑的许多情况的定义来解释笑。但事实却并不如此简单。

我们已经接触到了化装这个概念。我们在前面说过，这个概念是引人发笑的能力的正式代表。看一看它是怎样行使这个权利的，该不致没有用处。

一个人的头发，从深色的变成浅色的，为什么就可笑？酒糟鼻子为什么滑稽？黑人为什么可笑？这些问题看来十分恼人，因为像海克尔、克拉普林、里普斯这些心理学家都曾先后提出这些问题，得出不同的答案。有一天我在街上碰到一个马车夫，他说坐在他车上的那个黑人是"没有洗干净"。我想这就回答了这些问题。没有洗干净！在我们的想象当中，黑皮肤的脸是涂了墨或者涂了煤烟的脸。同样，红鼻子就只能是抹了一层朱红色的鼻子了。这样，化装就把它的滑稽质中的某些东西移进实际并非化装而可能进行化装的情况。刚才说过，大家惯常所穿的衣服和穿衣服的人分不开，我们觉得它已经跟人结成一体，因为我们已经看惯了。现在，黑色和红色尽管本是皮肤所固有，但是我们却把它当成是人工加上去的，因为我们对它不习惯。

从而产生了关于滑稽的理论的一系列新的困难。从理性的眼光看来，说什么"我的衣服是我身体的一部分"是荒谬的。然而我们的想象力却把这样的命题看成是真实的。"红鼻子是涂了色的鼻子"，"黑人是白人化装的"，对理性来说，也是荒谬的，然而对于想象来说，却是肯定的真理。因此，想象有它自己的逻辑，它和理性的逻辑不同，有时甚至是针锋相对的，然而为了研究滑稽以及其他类似的事物，哲学却不能不予以考虑。想象的逻辑和梦境的逻辑相仿，所不同的是这里不是由个人幻想支配的梦，而是整个社会都在做的梦。要想建立想象的逻辑，必须做一番特殊的努力，把积重难返的判断和根深蒂固的观念的表皮揭开，才能看到在我们内心深处，错综复杂的众多形象像一股地下水一样长流不息。这些形象并不是随意交错起来的，而是遵照一些规律（或者毋宁说是一些习惯）的。这些规律或习惯与想象之间的关系正跟逻辑与思维之间的关系一样。让我们来看看在我们目前研究的特定情况中的想象的逻辑吧。化了装的人是滑稽的，被别人认为是化了装的人则更加滑稽，推而广之，不仅是人的化装，而且社会的化装，甚至自然的化装也都是要变得滑稽的。

先谈自然。我们笑一条剪了一半毛的狗，笑一个插满了五颜六色的假花的花坛，笑一个每棵树上贴满了竞选标语的树林，等等。这是什么道理呢？因为这些都叫我们想起假面舞会。不过这里的滑稽是很弱的滑稽。它离滑稽的源头还太远。你想加强滑稽的程度吗？那就必须上溯它的源头，把这个派生出来的形象（也就是假面舞会这个形象）跟它的原始形象进行对比。这个原始形象就是对生活的机械仿制的形象。机械地仿制出来的自然，这显然是一个滑稽的主题，围绕它，幻想可以编出许多准能引起捧腹大笑的变奏曲。我们记得在《达达兰在阿尔卑斯山上》[1]里有这么一段，蓬巴尔使达达兰（从而多少也是使读者）相信瑞士就跟歌剧院舞台底下一样，是由一家公司经营的一套机关布景，有瀑布，有冰川，有假的山壑。在英国幽默作家杰罗姆·K·杰罗姆的《小说札记》当中，也有这样的主题，不过笔调完全不同。说的是有一位年老的贵妇人，想做好事又不愿太费事，就在公馆附近盖了些房子，收容一些不信神的人，启发他们皈依基督教。其实这些人是她家里人特地为她培养出来的。他们原是些老实人，却给培养成了酒鬼，好让她来拯救他们的灵魂。在一些滑稽的话语中，也出现这样的主题，只不过像是空谷中的回音，需要稍加回味，而且其中还掺杂有真挚的或矫饰的天真成分，起着伴奏的作用。例如，天文学家加西尼请一位夫人去观察月食。这位夫人来晚了，说道："加西尼先生想必乐于为我重演一次。"贡狄奈[2]的作品中也有一位人物到某一个城市，听说附近有座死火山，竟发了这样一声叹息："他们本来有座火山，竟让它熄灭了！"

再来看社会。我们生活在社会之中，而且依社会而生，我们不能不把社会看成是一个有生命的东西。如果有那么一个形象暗示我们社会化了装，成了一个假面舞会，这个形象就可笑了。当我们在活生生的社会表面看到存在着惰性的东西、刻板

1　19世纪法国作家都德的一部幽默作品。

2　贡狄奈（Gondinet），19世纪法国剧作家。

的东西、造作的东西的时候，上面这种暗示就产生了。这还是一种僵硬，它和生命内在的灵活不相调和。社会生活中属于仪式性的东西，因此就该包含潜在的滑稽因素，只待机会来到，便将形之于外。我们可以说，仪式之于社会，正如衣服之于人体。如果我们觉得仪式与举行仪式的庄严对象合而为一，仪式就是庄严的；反之，如果我们的想象力把两者分开，仪式便立刻失去庄严。因此，只要我们的注意力集中到仪式当中纯仪式性的东西上去，并且像哲学家们所说的那样，不去管它的内容而一心只想到它的形式，这个仪式就变得滑稽可笑。大家都知道，滑稽精神是很容易在具有固定形式的社会行为——从分发奖品仪式直到法院开庭——中施展伎俩的。有多少形式和格局，就有多少滑稽因素可以插足进去的现成框子。

在这里也是一样，越是把滑稽因素靠拢它的根源，滑稽性就越增强。我们应该从化装这个派生的概念上溯到它的原始概念，也就是叠置于生活上的机械装置这样一个概念。这种形象，一切仪式的一本正经的形式已经为我们做了暗示了。只要我们把典礼或仪式的庄严目标忘了，我们立刻就会觉得参加者都在像木偶一样活动。他们的活动是根据不变的格式进行的。这是一种机械动作。那些像简单机械那样行动，或者是以不可救药的呆板，把行政条规当作自然规律来执行的公务员的机械动作，算得上是纯粹的机械动作了。多年以前，有一艘邮船在狄厄普附近沉没。有几个乘客好不容易被救到一只船上。有几位海关官员，原也曾勇敢地参加了救助工作，一开口和乘客讲话，却问他们道："有什么要报关的吗？"我觉得有一位议员的话也有异曲同工之妙，虽然意思更为微妙。有一次在铁路上出了一桩命案，这位议员在第二天质问铁道部长时说："凶犯在杀人以后，一定是从侧面下车的，而这是违反铁路规章的。"

掺进自然界中的机械动作、社会中的刻板的法规——这就是我们得到的两类可笑的效果。为了结束这一节，我们还要把这两类效果结合起来，看看从中可以得到什么结果。

这结合的结果显然是人为的法规代替了自然的规律这样一个概念。我们记得，在《屈打成医》[1]里，当瑞隆特告诉斯卡纳赖尔，人的心在左边而肝在右边时，斯卡纳赖尔答道："是的，从前的确是这样。不过我们都把它改了，我们现在是用一种新的方法来研究医学。"我们也记得《浦尔叟雅克先生》[2]里那两位医生的诊断："你所提的论证如此渊博、如此充实，使得这病人不是忧郁的精神错乱者也不可能了；即使他没有这种病，由于你那富丽堂皇的词句和精辟的论证，他也会变成这样的病人的。"这样的例子真是举不胜举，只消把莫里哀笔下的医生一个一个列出来就行了。滑稽的狂想在这里已经显得走得够远的了，然而现实却更有过之。有一位极端好辩的当代哲学家，有人对他说，他的论证是无可指摘地符合演绎法的，但

---

1 莫里哀的喜剧。

2 同上。

实验结果却适得其反。他却用"实验错了"这么一句话来结束讨论。这是因为，按例行公事那套办法来安排生活这样一种思想，其流行之盛是超出一般人的想象的。虽然我们刚才是通过人为的组合得出这种思想的，但这种思想却是十分自然的。我们可以说，正是这种思想给我们指出了学究气的真髓。学究气并不是别的什么东西，只不过是自以为胜过自然的那套技艺罢了。

总而言之，我们得到的是同样的效果，不过当这个效果从人体的人为的机械化（假如可以这么说的话）这样一个概念，转到以人为的东西代替天然的东西这样一个概念时，变得越来越精巧了。一种越来越像梦境中的逻辑那样的越来越不谨严的逻辑，把同样的关系移到越来越高级的范围中去，移进越来越抽象的各项之间，结果使得例行公事与自然法则或伦理法则之间出现了人造的衣服与活着的人体之间那样的关系。在我们要探索的三个方向当中，我们已经把第一个方向深究到底了。让我们转到第二个方向，且看它将把我们引向何方。

（二）我们的出发点还是"镶嵌在活的东西上面的机械的东西"这一点。在这种情况下，滑稽之所以产生，是因为活的身体僵化成了机器。在我们看来，活的身体应该是充分灵活的，应该是那工作不已的本体的永远清醒的活动。然而这种活动与其说是属于身体的，毋宁说是属于心灵的活动。它应该是一个更高的本体在我们心中点燃的、由于透明而能在体外窥见的那个生命的火焰。当我们在这个活的身体上只看到优美和灵活时，那是因为我们忽略了在这个身体上还有笨重凝滞，总之是物质的东西。我们忘了身体的物质性，只想到它的活力，而我们的想象力也把这个活力归功于精神和智力生活的本体。然而假设我们把注意力放到身体的物质性上，假设身体不具有给它注入生命的那个本体的轻盈性质，而在我们心目中只不过是一块沉重可厌的覆盖物，一个把那迫不及待地想离开人间的灵魂羁绊起来的皮囊。这样，身体与精神的关系就将和前面所说的衣服与身体的关系一样，它就将成为叠置在生动的活力之上的奄无生气的一团物质了。一旦我们清楚地感觉到这种叠置，滑稽感马上就会产生。特别是当我们看到精神受到身体的需要愚弄的时候，这种叠置关系就更清楚了——一方面是具有多种多样的智能的精神人格，另一方面是以机械的固执性来干预并阻挠一切的单调而笨拙的身体。身体的要求越是琐碎，越是周期地反复，滑稽效果也就越显著。然而这不过是个程度的问题，而这些现象的一般规律可以表述如下：凡与精神有关而结果却把我们的注意力吸引到人的身体·····································上去的事情都是滑稽的。
·········

　　一个演说家，正当说到最激动人心的地方，忽然打了一个喷嚏，为什么我们就要笑他？有一位德国哲学家引用别人在悼词中所说的"死者德高望重，身体肥硕"这句话，滑稽在什么地方？那是因为我们的注意力忽然从精神方面转到身体方面。在日常生活中，这样的例子俯拾皆是。如果你不愿费神去收集，只消把拉毕史[1]的作品随便翻翻就行了。你随时都会看到诸如此类的效果。这里是一个演说家，说到最紧要的关头忽然牙痛发作；那里是一个人，每次说话总要停下来抱怨他鞋子太紧，裤带勒着肚子，等等。这些例子暗示我们的形象都是为身体所困扰的人。肥胖过度的人之所以可笑，显然是因为他唤起我们这样的形象。有时腼腆也有些可笑，也是同样的道理。在别人眼里，腼腆的人仿佛是被身体所困扰，想在身边找个地方把身体存放起来似的。

因此之故，悲剧作家总是小心避免任何足以把我们的注意力转移到主人公的物质方面的东西。一旦引入了对身体方面的关注，滑稽因素就有渗入的可能。所以悲剧的主人公不吃不喝，也不烤火。如果可能，他们甚至也不坐下来。正在念着台词之际坐下来，就会提醒观众，使他们意识到主人公有个身体。拿破仑是他那时的一位心理学家，他就曾注意到，单是坐下来这么一个事实，就足以把悲剧转成喜剧。在古尔哥男爵的《未发表的日记》中就有这方面的记载，说的是在耶拿之战后，拿破仑和普鲁士王后的一次谈话。拿破仑这样说："她跟希梅娜[2]那样，以悲剧中的口吻对我说：'陛下，要公道！要公道！马格德堡！'她继续用这使我十分困恼的口吻说话。后

1　拉毕史（Labiche），19世纪法国喜剧作家，重要作品有《意大利草帽》（*Un Chapeau de paille d'Italie*）、《头钱箱》（*La Cagnotte*）、《贝立雄先生旅行记》（*Le voyage de M. Perrichon*）等。

2　希梅娜（Chimène），17世纪法国悲剧作家高乃依《熙德》中的女主人公。

来，为了使她换个语调，我就请她坐下来。要打断一个悲剧性的场面，再也没有比这更好的办法了，因为你一坐下来，那就成了喜剧了。"

现在让我们把身体支配精神这个形象扩大一下，我们就将得到更普遍的东西：形式想支配实质，文字和精神抬杠。当喜剧取笑某一职业时，它不正是设法把这种观念暗示给我们吗？喜剧让律师、法官、医生说话的时候，仿佛健康和司法没有什么了不起，重要的是要有医生、律师和法官，重要的是职业的外部形式应该得到充分的尊重。这样，手段代替了目的，形式代替了实质，不是为了公众才有某一职业，而是为了某一职业才有公众了。对形式的经常关注，对规则的机械运用，在这里就产生了一种职业性的机械动作。这种职业性的机械动作可以与身体的习惯强加之于精神的那种机械动作相比拟，也和它同样可笑。戏剧当中这样的例子是举不胜举的。现在我们不去深入研究这个从主题发展出来的变奏曲的细节，且引用两三段文字，在那里面，这个主题本身表现得非常简单明了。《无病呻吟》[1]里的贾法如说："我们给人治病不过是走个形式而已。"《医生的爱情》[2]里的巴希斯说："与其违反规则而病愈，不如遵照规则而死去。"在同一出喜剧里，戴丰南德雷斯也说："不管发生什么事情，总得遵守一定的手续。"他

1　莫里哀的喜剧。

2　同上。

的同行托梅斯点出这句话的道理："死一个人不过是死一个人罢了，然而要是忽略一道手续，那就给全体医生的名誉带来莫大的损害。"比利多阿生的话虽然含义稍有不同，但同样意味深长："形——形式，您明白吗？形——形式！有人嘲笑穿常服的法官，但是，看——看见了穿袍子的检察官就会发抖。形——形式，形——形式呀！"[1]

我们这样一步一步研究下去，有一条规律就越来越明显了。现在我们先来举个实例。当音乐家在一件乐器上奏出一个音，其他一些音也就自动跟着来了。这些音没有那个音响亮，但和它保持一定的关系。它们丰富这个音，使它具有一定的音品。在物理学上，这些音叫作基音的陪音。滑稽味，即使在它最胆大的创造当中，难道就不会遵照类似的规律吗？譬如说，让我们来看看"形式想支配实质"这一个滑稽音符吧。如果我们的分析是正确的话，那么这个音符就应该有下列这个陪音：身体捉弄精神，身体支配精神。因此，当喜剧诗人奏出了第一个音符，第二个音符就会本能地、不由自主地添上去。换句话说，喜剧诗人将以身体的可笑加强职业性的可笑。

当比利多阿生法官一面口吃一面上场的时候，难道他不正是通过口吃本身，让我们理解到他就要演示的那种思想的僵化吗？到底是什么秘密的关系能把这种身体的缺陷和精神狭隘联系起来呢？也许应该是这样一个原因：我们总觉得这个思维的

1　见博马舍《费加罗的婚姻》。

机器同时也是一个语言的机器。不管怎样吧，反正没有任何其他陪音可以更好地充实这个基音的了。

当莫里哀在《医生的爱情》里让那两个可笑的大夫巴希斯和马克洛东上场的时候，他让一个讲话讲得很慢，一个一个音节抑扬顿挫地吐出来，而另一个却口吃得说不出话来。浦尔叟雅克先生的两个律师之间也存在同样的对比。通常总是把说话的节奏用来作为补充职业性的可笑的身体上特点的手段。当剧作家没有指出这样的缺陷的时候，演员也必然会出乎本能地添上去的。

因此，在我们进行比较的两个形象——以某些形式固定下来的精神以及由于某些缺陷而僵化的身体——之间，存在着一种自然的，也自然能被我们认出的联系。当我们的注意力无论是从实质转到形式也好，从精神转到身体也好，在那两种情况中，传到我们的想象当中去的都是同一个印象；在那两种情况中，都是同一类型的滑稽。在这里，我们也还是试图忠实地遵循想象活动的一个自然方向。我们记得，这个方向是从中心形象出发而呈现出来的第二个方向。现在我们就要踏上展开在我们面前的第三条，也就是最后一条道路了。

（三）让我们最后一次回顾一下我们那个中心形象，那就是"镶嵌在活的东西上面的机械的东西"。这里所说的活的东西，主要是人，而机械的东西则是物。因此，引人发笑的就是从人到物的瞬时转变——如果我们从这个侧面去观察形象的话。现在让我们从一个机械的东西这样一个明确的概念转而至于一般的物这样一个比较广泛的概念。我们将看到一系列新的可笑的形象，这些形象可以说是在原来的印象周围渲染出来的，同时它们将使我们得出一条新的规律：凡是一个人给我们以他是一个物的印象时，我们就要发笑。

当桑丘·潘沙被人扔在一条毯子里，跟一个皮球似的抛到空中的时候，我们就笑。当闵希浩森男爵[1]变成一发炮弹，在空中行进的时候，我们也笑。但是马戏团的丑角的某些动作也许可以更精确地证实这条规律。当然，我们应该把丑角用来点缀他的主题的那些插科打诨去掉，而只保留主题本身，也就是只保留构成小丑艺术当中真正有"小丑味"的那些姿态、跳跃和动作。这种处于纯粹状态的滑稽，我只见过两回，而在那两回，我所得到的印象都是一样的。第一次，几个小丑按照等加速度的节奏走来走去，互相碰撞，跌倒在地以后又弹跳起来，显然是要制造出"渐次增强的音势"的气氛。观众的注意力越来越集中到那弹跳上去了。慢慢地，人们忘掉了他们眼前的是有血有肉的人，只觉得他们是一些起落碰撞的包裹。后来，景象越来越明确了。小丑们的身体蜷得越来越圆，像皮球似的滚成一团，景象不知不觉地演变，最后终于出现了这样一个形象：舞台上好像是许多皮球，从四面八方投掷过来，你碰我，我撞你。第二回看到的场面虽然没有刚才那个精巧，却也同样

---

[1] 闵希浩森男爵（Baron de Münchhaussen），真有其人，是18世纪的一个德国军官，以其大言不惭见称。

富有启发意义。两个脑袋又大又秃得精光的人出场，每人拿一根大棒，依次向对方的脑袋上敲去。依然可以看到循序渐进的情形。每挨了一下，身体就显得越发沉重凝滞，像是受到越来越深的僵化一般。反击相隔的时间越来越久，然而越来越重，声音也越来越响。脑袋上发出的可怕的声音响彻整个沉寂的剧场。最后两个人都像"一"字那样挺直僵硬，慢慢地头对头地侧过来，两根大棒也最后一次落到脑袋上，发出像大木槌落在橡木柱上的响声，两个人就连人带棒躺倒在地上。两个艺术家在逐渐印入观众想象中去的那个暗示，这会儿就十分清楚地显示出来了："我们就要变成木头人，我们已经变成木头人了。"

在这里，某种暧昧的本领，使那些即使是从未受过教育的人也会感到心理学的某些最微妙的结果。大家都知道，我们可以用简单的暗示引起被催眠者的错觉。我们对他说，有一只鸟栖在他手上，他就看见这只鸟，甚至看见它飞走。然而各人接受暗示的难易程度并不一样。施行催眠术的人时常需要用逐步的拐弯抹角的办法，才能把这种暗示印入被催眠者的脑中。他首先从被催眠者真正可能看到的物体出发，其次设法使这种视觉形象逐渐模糊，然后一步一步地使他所要用来制造错觉的物体的明确形状从这种模糊的形象中产生出来。很多人在行将入睡的时候，会看见在他的视野里的那些五彩缤纷、流动无形的一团团的东西不知不觉地固定下来，成为分明的物体，也正是这样一个过程。因此，最好的暗示方法就是逐步把模糊的东西变成分明的东西。我想，我们可以在许多滑稽的暗示的深处看到这样一个过程，特别是在粗俗的滑稽当中。在粗俗的滑稽当中，人变为物的转化好像就在我们眼前进行。有些手法则较为精细——例如诗人所用的手法，但它们的目的也许是一样的，只不过是无意识的罢了。我们可以用某些韵律、脚韵、谐声的办法，使我们的想象力坐进摇篮里，随着做有规则的摆动，从而乖乖地接受所暗示的幻象。现在请你来听听列雅尔的几行诗，看一看是不是会有一个洋娃娃的模糊形象进入你的想象中去：

……再说他到处都把债来借，

一万零一利弗尔再加上一个小铜钱，

都只是为了实践诺言而在一年间，

给他穿衣、坐车、烤火、穿鞋又戴手套，

又要吃饭、光脸、喝水又要抱。

在《塞维勒的理发师》里有这样一段对话：

"他是怎样一个人？"

"他是一个漂亮的矮胖子，人老心不老，头发灰白，诡计多端，胡子光光，精神疲惫，这儿张张，那儿望望，整天不是骂人，就是嘟囔。"

在这一段里你不是也可以找到这种性质的东西吗？虽然这里要暗示的不是一个物的形象，而是一个生物的形象。

在这些很粗俗的场面和这些很精细的暗示之间，应该还可以安排无数有趣的中间效果——所有那些用像谈及事物那样谈及人的手法取得的就是这样的效果。在拉毕史的剧本当中，这种效果比比皆是，现在让我们略举一二。贝立雄先生在上火车的时候，唯恐把包裹落了一件，点道："四、五、六、我老婆七、我女儿八、连我九。"在另外一个剧本当中，有一个父亲用这样的话来夸耀他女儿的博学："她能一口气把发生过的法国国王的名字背出来。"这"发生过的"几个字，虽然没有把国王完全变成事物，却把他们跟一些事件等同起来了。

谈到后面这个例子，我们可以看到：不一定要把人和物的等同推到极端的程度，就可以产生滑稽。只要我们，譬如说，通过把人和他所担任的职务混同起来的办法，从而走上这条路子就够了。我想只引用阿布[1]的一部小说当中一个村长所说的话："这位省长先生一直对我们关怀备至，虽然自1847年以来，省长已经换过好几次了……"

这些笑话都是按照同一个范例造出来的。现在我们既然掌握了它的公式，就可以无限地制造。然而，讲故事的人和滑稽剧作家的艺术并不限于制造笑话。难就难在要使笑话能产生联想，也就是使读者能够接受。我们接受一个笑话，只是因为它

---

1 阿布（About）是19世纪法国作家兼新闻记者。

是某种精神状态的产物，或者切合于一定的环境。我们知道，贝立雄先生因为生平第一次出门旅行而非常激动。"发生"一语显然是女儿在父亲面前背功课的时候经常用到的，这两个字叫我们想起了背书。最后，那个对行政机构的赞美足以使我们想到，尽管省长换了人，省长总是省长，省长职务的执行和省长是谁没有关系。

我们现在离开笑的本源已经相当远了。一个本身无法解释的滑稽形式确实只有通过它和另一滑稽形式的相似才能理解，而后者只是由于和第三个滑稽形式有关联才使我们发笑，由此类推，以至无穷。这样，不管心理分析被人们设想得是多么富于启发性，多么能洞察事物，如果它不掌握滑稽印象从某一串效果的一端向另一端发展的线索，也必然走向歧途。这种发展的连续性是从何而来的呢？到底是什么压力，是什么奇怪的推动力，使得滑稽从一个形象转移到另一个形象，离起点越来越远，以至于在无穷远处的类似物中分裂消失？是什么力量把树枝分而再分，成为细梢，又把树根分而再分，成为根须？有一个不可抗拒的规律统摄着一切生命活力。任何生命活力，它存在的时间虽短，这个规律却规定它要覆盖尽可能大的空间。滑稽味正是一种生命活力，是在社会土壤的硗薄之处茁壮成长的一种奇异的植物，它等待着人们去培养，以便和艺术的最精美的产物争妍。不错，我们刚才看到的滑稽的例子与伟大的艺术相距还远。但在下一章中所谈的滑稽虽还不能完全臻于伟大的艺术之境，却也更加接近了。在艺术之下，还有技巧的问题。现在我们要深入讨论的正是技巧这个领域，那是自然与艺术之间的中间境界。我们就要研究滑稽剧作者和爱说俏皮话的人们了。

第二章

情景的滑稽和语言的滑稽

我们已经泛论了形式、姿态和动作中的滑稽，现在要在行动和情景当中去探索它了。当然，这种滑稽在日常生活中是很容易碰到的，但是日常生活中的这种滑稽也许并不最适合于分析。如果说戏剧是生活的放大和简化，那么，在我们这个题目的这个特定的一点上，喜剧应该可以比实际生活提供更多的启发。我们甚至应该把这种简化更推进一步，追溯我们最早的回忆，在儿童的各种游戏中去探索引人发笑的最初因素。我们常说痛苦和快乐这两种感情似乎是生来就已成熟，没有自己的历史。我们尤其是时常忽视我们大多数愉快的情绪当中的可说是稚气的成分。如果我们仔细考察一下，很多现在的乐趣都可以全部化为过去的乐趣的回忆。许多情绪，如果我们把其中属于单纯记忆的部分除去，所剩下来的真正严格地感受到的部分到底还能有多少？又有谁知道，当我们到了一定年龄，是否还能感受新鲜的欢乐？又有谁敢说，成年人最甘美的满足，除了重温童年的情感以外，还能是别的什么东西？童年的情感像是吹拂我们的阵阵清香的微风，只不过我们年事越长，它吹拂我们的机会就越少了。总之，不管我们怎样回答这个十分广泛的问题，有一点是毫无疑问的，那就是：在儿童对游戏的乐趣和成人同样的乐趣之间是不能有间断的。而喜剧就是一种游戏，一种模拟生活的游戏。如果说，当儿童玩洋娃娃和木偶的时候是用线来操作的，那么，我们不是也应该把那些将各种喜剧场面联系起来的线索找出来吗？因此，让我们就从儿童的游戏开始吧。儿童首先在自己的心目中把木偶看得比实际要大，然后赋予木偶以生命，最后到了这样一个境界，木偶虽然还是木偶，却同时又已经成了活生生的人。现在就让我们来看一看儿童心中的这种不知不觉的发展过程，这样，我们就可以得到一些喜剧人物。我们也可以在这些喜剧人物身上检验我们在前面的分析中所得的规律——也就是我们将用来界说一般滑稽剧的情景的规律。这个规律就是：凡是将行动和事件安排得使我们产生一个幻象，认为那是生活，同时又使我们分明感觉到那是一个机械结构时，这样的安排便是滑稽的。

（一）弹簧魔鬼——我们从前都玩过揭开盖子就有一个魔鬼跳起来的那种箱子。你把他压下去，他又跳起来。你压得越低，他跳得越高。你把他压到箱盖底下，他时常就连人带盖跳将出来。我不知道这种玩具的历史是否已经很悠久，反正这样一类的游戏显然古已有之。那是两种固执性的冲突，一种是纯机械的固执性，一种是玩弄机械的固执性，而前者时常屈服于后者。猫捉弄老鼠也是这样一种游戏。它松开口把老鼠放下，老鼠像弹簧似的跳走，却又给猫一爪子抓住。

现在再来谈戏剧。且先从里昂的木偶戏说起。当那个警察局长东张西望地上场的时候，马上就挨了一棍子，被打倒在地上。他刚站起来，又来了一棍子，依然把他打倒。反复地发作，反复地惩罚。警察局长按着弹簧一张一弛那样均匀的节奏一起一落，观众的笑声也就越来越高。

现在让我们想象一个毋宁说是精神的弹簧，想象一个刚表达出来就遭到压制，遭到压制又再表达出来的思想；想象一串刚迸发出来就被阻挡，遭到阻挡又再迸发出来的言语。我们又将看到这样一种景象：一个力量要坚持，另一个固执的力量要阻挡。不过这种景象没有物质内容罢了。下面我们将不再谈木偶戏，而来看一出真正的喜剧。

许多喜剧场面的确可以归结为这个简单的类型。譬如在《强迫的婚姻》中斯卡纳赖尔和庞克拉斯一场[1]当中，斯卡纳赖尔一心要这位哲学家听他讲话，而这位哲学家却很固执，简直是部自动的说话机器，一个劲儿说个不停，这就起了冲突，成了滑稽的根源。随着剧情发展，弹簧魔鬼的形象也就越来越

---

[1]　人民文学出版社出版的《莫里哀喜剧选》上卷，第410—415页。

鲜明，以至到了最后，两个人物竟采取了弹簧魔鬼的动作——斯卡纳赖尔每次把庞克拉斯推到幕后去，庞克拉斯都从另一侧回到舞台上，继续唠叨不休。而当斯卡纳赖尔终于把庞克拉斯关进一间屋子里（我差点儿要说关进一口箱子里）的时候，忽然一扇窗户"呀"的一声打开，跟弹簧魔鬼冲出箱盖一样，庞克拉斯的脑袋忽然又探了出来。

《无病呻吟》中也有同样的场面[1]。遭到侮辱的医学通过医生卜尔恭之口，向阿尔冈倾泻出人所能生的一切疾病的名称来恐吓他。每当阿尔冈从椅子上站起来堵卜尔恭的嘴的时候，卜尔恭就像是被人推进幕后一般，暂时离开舞台，一会儿又像是被弹簧所驱动，又跑到舞台上重新骂开了。阿尔冈先生不停地叫："卜尔恭先生啊！"像是给这幕小小的喜剧打着拍子。

让我们把那张弛不已的弹簧的形象再仔细考察一番，把它的关键找出来。我们这就可以找到古典喜剧常用的一种手法，那是重复。

在戏剧中，重复一句话为什么就滑稽？要想找一个关于滑稽的理论来圆满地回答这个很简单的问题，那是枉然。如果你想把这句话本身和它所暗示的东西孤立起来寻找它所以逗乐的原因，这个问题就永远也解决不了。流行的方法的不足之处再也没有比在这里表现得更明显的了。事实是，除了某些很特殊的情况（这些以后要谈到）以外，一句话的重复本身并不可

1　《莫里哀喜剧选》下卷，第386—387页。

笑。只是因为这句话的重复象征着精神因素的某种特定的玩意儿，而这一玩意儿本身又象征着某一物质的游戏，这种重复才引我们发笑。这其实就是猫嬉鼠那种游戏，儿童玩弹簧魔鬼那种游戏，只不过更加精细了，精神化了，移到情感和思想的领域中来了罢了。现在让我们把关于在戏剧中言语重复的主要滑稽效果的规律表述如下：在言语的滑稽性的重复中一般有两样东西，一个是被压制的情感，它要像弹簧那样弹跳起来，另一个是一种思想，它把情感重新压制下去以自娱。

当道丽娜把太太的病情告诉奥尔贡，而奥尔贡却不断打听达尔杜弗的健康状况的时候，那个反复出现的问题"达尔杜弗呢？"就给了我们一个很清楚的蹦起来的弹簧的感觉。道丽娜则乐于把这个弹簧重新压下去，每次都继续谈欧米尔的病情[1]。又譬如当史嘉本来通知老吉隆特，说他的儿子被一艘土耳其商船绑了票，叫他赶快花钱去赎的时候，他对吉隆特的吝啬的玩弄跟道丽娜对奥尔贡的盲目崇拜的玩弄如出一辙。吉隆特的吝啬刚被压下去，立即就自动地露出来，而莫里哀之所以要机械地重复那句对行将花费的金钱表示遗憾的话——"真见鬼！他干什么要跑到那艘船上去呢？"[2]——正就是为了表明这种自动性。同样的评论也可以用之于瓦莱尔劝说阿尔巴贡不该把他女儿嫁给一个她不爱的人那一场。吝啬的阿尔巴贡老是用

1　《莫里哀喜剧选》中卷，第218—219页。

2　《莫里哀喜剧选》下卷，第199页。

"不要陪嫁费！"这句话来打断他[1]。在这句自动地反复出现的话背后，我们可以隐约看出一个由固定的观念开动的重复机械装置。

不错，这个机械装置有时候是不大容易辨认出来的，我们这就碰到了建立滑稽理论的一个新的困难。在某些情况下，在一场戏当中，整个兴趣就在于一个人物一身而二任，他的对方起着三棱镜的作用，通过它来体现这种二重性。在这种情况下，如果我们不在由这个场面曲折反映出来的内在的喜剧里，而在人物之间演出的表面的场面当中去找我们所见所闻当中所产生的效果的奥妙，那我们就有误入歧途的危险。譬如说，当奥龙特问阿耳塞斯特是不是觉得他的诗写得糟糕，阿耳塞斯特固执地一再答道"我没说这话！"的时候，这种重复是滑稽的，然而奥龙特显然不是跟阿耳塞斯特玩我们刚才所说的那套把戏。我们应该注意，在阿耳塞斯特身上实际也有两个人，一个是发誓要对人直言无隐的"恨世者"，另一个是不能一下子就把礼貌抛弃不顾的绅士，或者是一个在需要把理论付诸实践，需要损人自尊，需要令人不快的紧要关头后退一步的洁身自好的人。因此，真正的戏并不是在阿耳塞斯特和奥龙特之间，而是在阿耳塞斯特自己之间展开的。在这两个阿耳塞斯特当中，有一个按捺不住，另一个正当他要和盘托出的时候赶紧来把他的嘴捂住。每一句"我没说这话！"都表示一种逐渐增

---

1 《莫里哀喜剧选》中卷，第311页。

长的努力，来击退那要脱口而出的东西。"我没说这话！"的调门因此也越来越高，阿耳塞斯特也越来越生气——倒不是像奥龙特所设想的那样是对他生气，而是对阿耳塞斯特自己[1]。就这样，弹簧的张力越来越强，直到最后得到缓和为止。因此，也还是和前面所说的一样的重复机械装置。

如果有一个人下定决心，从此心里怎么想就怎么说，哪怕因此而和全人类作对也在所不惜，这并不一定滑稽。这是实际生活，而且是最高尚的生活。如果另外有那么一个人，由于性格的软弱、自私或卑鄙，喜欢跟人讲些谄媚的话，那也是实际生活，其中也没有什么可笑的。哪怕你把这两个人合而为一，让你的人物徘徊于得罪人的坦率和欺骗人的礼貌之间，这两种对立的情操的斗争还不滑稽。如果这两种情操竟能由于其对立而结合起来一起发展，创造出一种复合的精神状态，终于采取了一个modus vivendi（折中方案），使我们看到生活的复杂，那么，这场斗争将显得是一场严肃的斗争。但是假设在一个真实的人身上同时有这两种无法改变而又僵硬不化的情操，在这两者之间左摇右摆，而这摇摆又具有机械的性质，采取着常用的简单而幼稚的玩意儿的众所周知的形式，那么，你这回就将得到我们在前面在可笑的物体上面发现了的形象，你就将得到在活的东西里面的机械的东西，你就将得到滑稽了。

关于弹簧魔鬼这个形象，我们已经说得够多的了，其目的

1　《莫里哀喜剧选》中卷，第97页。

是说明滑稽味怎样把一个物质的机械装置逐渐转化为一个精神的机械装置。我们现在就要来考察一两种其他游戏，但是暂时只以说个梗概为限。

（二）牵线木偶——在很多喜剧场面当中，人物以为自己是在自由地说话和行动，因此保持着生命的要素，但从某一角度看来，他却只不过是由要弄他的人双手操纵的一个玩具。从儿童操纵的木偶到由史嘉本摆布的吉隆特和阿尔康特，其中的距离是容易逾越的。不妨听听史嘉本的自白。"这部机器已经找着了"，或者是"老天把他们都捉到我的网里来了"等等[1]。由于一种自然的本能，也由于人们宁可让人上当而不愿自己上当——至少在想象中是如此吧——所以观众总是站在骗子手这一边。观众既然偏向骗子手这边，他就像一个说服同伴把木偶借给他玩的孩子一样，自己就牵起线来在台上玩弄一番。但最后这个条件也并非必不可缺。只要我们清楚地意识到这是一个机械装置，我们同样也可以置身于剧情之外。当一个剧中人摇摆于两个主意之间，这两个主意轮流着来拉拢他，例如巴汝其[2]问皮尔和保尔他是否应该结婚的时候，就是那种情况。在这时候，喜剧作家总要把这样两个相反的主意用人物来体现。因为如果观众不来牵线，至少总得有演员来牵线才行。

1　莫里哀：《史嘉本的诡计》。

2　拉伯雷《巨人传》中主人公之一。

生活当中的严肃成分全都来自我们的自由。我们酝酿成熟的情操，我们培养起来的情欲，经过我们深思熟虑，决心从事并终于付诸实践的行动，总之是一切来自我们、高于我们的东西，都给生活以庄严的，有时甚至是崇高的外貌。怎样才能把这一切转变成喜剧呢？那就必须设想，表面的自由底下都隐藏着一套木偶的牵线，而我们都像诗人胥黎·蒲吕东[1]所说的那样，是：

> ……一些微不足道的木偶，
>
> 他们的线儿操在命运之手。

因此，幻想可以通过使人想起那是木偶戏这个办法，把任何真实的、严肃的，甚至是崇高的场面变成滑稽的东西。就用武之地的广阔来说，没有哪种手法是可以跟幻想相比拟的。

（三）雪球——我们越是深入研究喜剧手法，就越加认识童年回忆所起的作用。这种回忆也许与其说是对某一特定游戏的回忆，不如说是对整个机械装置的回忆；特定的游戏不过是这种装置的一种应用罢了。这个普遍的装置可以在迥然不同的各种游戏中出现，正如同样的歌剧曲调可以在许多幻想曲里出现一样。在这里，重要的东西，被我们铭记下来的东西，不知

1　胥黎·蒲吕东（Sully Prudhomme），19世纪末法国诗人。

不觉地逐渐从儿童的游戏转移到成人的游戏当中的东西，就是组合的图式，或者可以说是一个抽象的公式，而那些游戏都是这个抽象公式的特殊应用。试以越滚越大的雪球为例。通过雪球，我们可以联想到一排铅制的兵卒：你把第一个一推，他就倒在第二个身上，第二个带动第三个，情况越来越严重，直到所有的铅兵都倒下为止。也可以联想到用纸牌精心堆起来的一所房子：你把第一张牌一碰，它只稍为晃动一下，可是被晃动的邻近的那一张牌动得更厉害，这破坏工作越来越加剧，终于以令人眩晕的速度导致全部倾覆。所有这些物体都各不相同，然而暗示我们的却可说是同一个抽象的景象，那就是这样一个效果的景象：这个效果越来越扩大，以至起因虽微，却由于不可避免的发展而导致前所未料的严重后果。现在让我们打开一本给孩子看的图画书，我们就可以看到，即使在这样的书里，这种安排已经向喜剧场面的形式这个方向发展了。例如我随便翻开的一本爱比那尔连环画，里面就有一个客人急急忙忙冲进一间客厅，碰在一位太太身上，这位太太的茶杯落到一位老先生身上，老先生碰破一块窗玻璃，玻璃落到街上，打中警察的脑袋，警察发动全城的同伴，如此等等。在许多给大人看的图画当中也有同样的安排。在滑稽画家画的"无言故事"当中，时常是一样东西换了位置就牵连到许多人。从一个镜头到又一个镜头，这个东西位置的改变机械地引起了人与人之间的关系的越来越严重的改变。现在再来看喜剧。可以归纳为这个简单类型的滑稽场面和喜剧真是不可胜数！让我们重读一下《健讼者》[1]里希喀诺的故事吧。官司当中套官司，那机械装置活动得越来越快（拉辛让诉讼用语一个接着一个出来，给人以加速发展的感觉），终于使健讼者为了一把干草而弄得倾家荡产。在《堂吉诃德》的某些场面当中也有同样的安排，例如在客店那一场，骡夫纯出偶然，揍了桑丘一下，桑丘又打马立托奈斯，客店老板又摔倒在马立托奈斯身上，等等。现在我们再来看当代滑稽剧。难道还有必要把表现这种安排的种种形式都一一列举吗？其中有一种是应用得相当普遍的，那就是有一件对好些人物都关系极为重大的东西（例如一封信），大家不惜任何代价去把它找回来。当你以为马上可以到手的时候，这东西总是溜脱，而在溜脱过程中惹起越来越严重、越来越出乎意料的事故。所有这一切都出人意料地跟儿童的游戏相像。这依然是滚雪球的效果。

机械结合的特点就在于它一般是一个可逆反应。孩子在玩九柱戏的时候，看到弹子在路上把什么都撞翻，弄得一塌糊涂，固然高兴，但当弹子七拐八拐，表现出各式各样的犹豫徘徊，终于回到起点的时候，他就笑得更欢。换句话说，当我们刚描述的那个机械装置进行直线运动的时候已经就滑稽了，而当它进行圆周运动，当人物所做的种种努力，由于命定的因果组合，使他还是回到原来位置的时候，那就更加滑稽了。许多滑稽剧就是围绕这个中心思想展开的。在拉毕史的《意大利草

1　17世纪法国诗人拉辛的三幕喜剧。

帽》中，意大利有一顶草帽给一匹马吃掉了，只有在巴黎有同样一顶草帽，必须不惜任何代价去找来。这一顶帽子，当人们就要弄到手的时候，总是溜之大吉，害得主角疲于奔命，也害得追随他的好些人东奔西跑。那情景就跟一块磁铁把一串铁屑吸将起来一样。当经过千辛万苦，终于以为要达到目的的时候，却发现那顶令人望穿秋水的帽子正是被马吃掉了的那一顶。在拉毕史的另一出同样驰名的喜剧[1]里也有同样的一番周折。开始是一对老相识——一个老光棍和一个老姑娘——在进行每天例行的纸牌戏。他们两个都曾分别托同一个婚姻介绍所介绍对象。在整出戏当中，他们经过千辛万苦，一次又一次地失败，不能和所介绍的对象相见，等到最后会见成功，原来被介绍所一线相牵的恰恰就是这一对老相识。在一出较近演出的剧本里[2]也有同样的圆周运动，同样的重返起点。有一个丈夫受老婆和丈母娘的虐待，以为离了婚就可以从此摆脱她们的束缚。他重找对象，结果一离一结，还是回到他前妻手里，可是更糟糕的是，这回前妻竟当了他的新丈母娘。

当我们想到这种滑稽是多么强烈，多么普遍的时候，我们就会理解为什么它扣动了某些哲学家的想象力。费尽周折，结果不知不觉还是回到起点，那真是白费心机一场空。所以有人就想拿这一点来给滑稽下定义。赫伯特·斯宾塞的想法看来就

1　指《头钱箱》（*La Cagnotte*）。

2　指《离婚奇遇》（*Les Surprises du divorce*）。

是这样，他说："笑就是忽然扑空的一个努力的表示。"康德也曾说："笑产生于一个忽然化为乌有的期待。"我们承认这些定义可能符合前面这两个例子，然而还必须给这个公式加以若干限制，因为有许多白费的气力并不可笑。再说，如果说前面这两个例子说的是大因产生小果，我们从这两个例子以前举的例子当中却应该得出相反的定义，那就是小因产生大果。第二个定义实际上也不见得比第一个高明多少。因与果的不相称，不管它是这样的不相称或者那样的不相称，都不是笑的直接根源。在某些情况下，我们所笑的是这种不相称可能表现出来的什么东西——也就是这种不相称让我们通过一层透明体而在一系列因果背后看到的一种特殊的机械的安排。要是忽视这种安排，你就失去了把你引进滑稽迷宫去的唯一的向导线索，同时你所遵循的那个可能适用于某些经过适当挑选的情况的规律，一旦碰到有一例不合，就会宣告破产。

　　我们倒是为什么要笑这种机械的安排？当一个人或者一群人的经历在一定时刻显得像是由齿轮、弹簧、绳子在支配，这当然是奇怪的，但是这种奇怪的特殊性质是从哪里来的呢？它为什么就滑稽呢？这个问题已经以许多形式对我们提出过，我们对它也将给予同样的答案。在生动连续的人间事务当中，我们时常会突然撞上一个僵硬的机械装置，就像碰到一个闯进房门的人一样。这种僵硬的机械装置之所以使我们产生特殊的兴趣，那是因为它好像是生活中的一种心不在焉。如果事件能够不断注意自己的进程，那就不会有吻合，不会有交叉，也不会有回复，一切都是永远向前发展。而如果人们不断注意生活，如果我们和别人以及我们自己保持经常的接触，那么什么事情也不会在我们心中产生似乎有弹簧和拉线在那里捉弄我们的感觉。滑稽乃是人和物相似的那一方面，是人的行为以特殊的僵硬性模仿简单而纯粹的机械活动、模仿自动机械动作、模仿无生命的运动的那一方面。因此，它表示的是一种个人或集体的缺陷，一种要求我们立刻加以纠正的缺陷。笑就是这样一种纠正。笑是一种社会姿态，它把人和事的某种特殊的心不在焉的现象强调指出来，并予以制止。

这就促使我们做进一步的更深入的探索。直到现在为止，我们高兴地发现在成人的消遣当中有某些足以使儿童得到娱乐的机械组合。然而这是一种经验主义的方法。现在是试图探索一个完整而系统的推论，是从这些机械组合的根源本身，从它们的永久而单纯的原则当中去探索喜剧的种种不同手法的时候了。喜剧这种戏剧是以把机械装置渗入生活的外部表现这样一种方式把种种事件组合起来的。因此，就让我们来决定一下，究竟是通过什么基本性质，使得生活从外面看来，显得和简单机械装置有所不同。找到这些基本性质以后，我们只要通过和这些基本性质相反的性质，就能得到现实的和可能的喜剧手法的普遍而完整的抽象公式了。

生命是通过时间的演进和空间的错综表现出来的。从时间方面来考虑，生命是不断趋于衰老的一个生物的连续发展，也就是说生命永远也不回头，永远也不重复。从空间方面来看，生命在我们面前所展示的那些同时并存的各个成分是如此紧密地相互关联着，每一个成分又都是为别的成分而存在，以至这些成分当中没有哪一个能够同时属于两个不同的机体。也就是说，每一个生物都是一个单独的现象体系，它不能干涉别的体系。形体的不断变化、现象的不可逆性、每一系列事件的充分的个性，这些就是把生物和简单机械区别出来的外部特性（是实在的还是表面的特性，关系不大）。现在让我们看一看这三个特性的反面，就可以得到三种手法：重复、倒置和相互干涉。这些显然就是滑稽剧的手法；除此以外，滑稽剧也不可能再有别的什么手法了。

我们首先可以在刚才考察的那些场面当中，看到这些手法以不同的剂量混合在一起。儿童的游戏就更不用说了，它们中间的机械作用就是由这些场面产生的。我们就不再多费时间来进行这项分析。通过一些新的例子，研究一下处于纯粹状态的这些手法，将更有意义。而这是再容易不过的了，因为在古典喜剧和当代戏剧中出现的这些手法时常就是处于纯粹状态的。

（一）重复——现在的问题跟前面不同，不再是某个角色重复的一个字或者一句话，而是情景的重复，也就是某些景况的组合的反复出现（这是违反不断变化的生命之流的）。经验已经向我们提供这样一种滑稽，不过那是处在不完备的状态的滑稽罢了。有一天我在街上碰见一个多时不见的朋友，这情景毫无滑稽之处。可是如果在同一天，我又碰见他，甚至再而三，三而四，结果我们就要对这种"巧合"发笑。现在请设想一系列足以给你以生活的幻觉的想象的事件，同时假使在这不断发展的一系列事件当中，同一场面或者在同样几个人物之间，或者在几个不同人物之间出现，这又是一种巧合；不过更加异乎寻常了。戏剧提供给我们的就是这样的重复。如果所重复的场面越复杂，发展得越自然，这种重复就越发滑稽。复杂和自然看来是互相排斥的两个条件，剧作者必须施展本领把它们调和起来。

当代滑稽剧运用这种手法的形式是多种多样的。其中最常用的形式之一就是让一群角色一幕又一幕地在各种不同的环境中出现，使得在各个不同的新环境中，老是出现同样的一连串互相对应的事件或事故。

莫里哀的好几个剧本就给我们提供了从喜剧开始到结束不断重复的一套又一套的事件的例子。例如《妇人学堂》就只是反复产生一种三拍子的效果。第一拍，贺拉斯对阿诺夫说他想怎样欺骗阿妮斯的监护人，殊不知阿妮斯的监护人就是阿诺夫本人；第二拍，阿诺夫自以为已经躲过了贺拉斯的圈套；第三拍，阿妮斯想办法使阿诺夫的戒备反而对贺拉斯有利。《丈夫学堂》《冒失鬼》，尤其是在《乔治·唐丹》里，也有同样正规的周期性。在最后这部喜剧里也是那种三拍子的效果：第一拍，乔治·唐丹发现他妻子欺骗他；第二拍，他请他岳父母来帮忙；第三拍，结果还是他乔治·唐丹来赔不是。

有时，同样的场面在几组不同的角色之间出现。第一组角色常是主人，第二组角色常是仆人。仆人们以不同的口味，以欠高的风格来重复主人们已经演过的场面。《情仇》的一部分以及《昂非特里翁》就是按这样一个布局结构的。在贝耐狄克斯[1]的一出很有意思的小型喜剧《固执》里，次序适得其反：仆人创例于先，主人执拗地来复制。

不管是在怎样的人物之间安排对称的情景，在古典喜剧和当代戏剧之间存在着极大的差别。两者的目的都是一样的，那就是在事件当中安排进一定的数学的顺序，同时又保持逼真的外貌，也就是保持生活的气息。可是所用的方法不同。在大多数当代滑稽剧里，作者直接诉诸观众的思维。不管巧合是如何离奇，由于这个巧合终将被接受，所以也就变成可接受的了，而只要作者一步一步地安排，我们也将真的接受。当代作家时常就是用这种办法。而在莫里哀的喜剧里，使得重复显得自然的不是观众的气质，而是剧中人的气质。每一个剧中人代表作用于某一方向的某一力量，而由于这些力量各有一定的方向，所以它们之间必然以同样的方式结合起来，再现的也必然是同样的情景。由此看来，情景喜剧是和性格喜剧很接近的。如果说古典艺术就是不希冀取得比置于原因中的效果更多的效果的艺术，那么，情景喜剧是配得上称之为古典艺术的。

（二）倒置——这种手法和重复的相同之处是如此之多，我们就只给它下个定义而不举很多例子了。设想在某种情景下的几个人物。如果你把情景颠倒过来，角色的地位换个过，你

1　贝耐狄克斯（Benedix），19世纪德国剧作家。

就可以得到滑稽的场面。《贝立雄先生旅行记》中那个双得救场面就属于这一类。两个对称的场面并没有必要全都在我们眼前展开。作家可以只显示其中的一个，只要他确信我们会想到另外一个就是了。这样，当我们看见被告向法官说教，孩子教训父母，以及一切可以列入"颠倒的世界"中的事物的时候，就都要发笑。

作家时常写一些挖了陷阱想坑人，结果自己掉了进去的人物。搬起石头打自己脚，欺人反被别人欺，都是许多喜剧的基础。15世纪闹剧中的巴特兰律师给他的顾客想出一条计策来骗法官，后来顾客用同样的计策赖掉该付给律师的钱。一个悍妇要她丈夫把一切家务活都包下来，把他应该干的活一五一十地开了张清单。有一天她自己掉到大水桶里去了，她丈夫拒绝把她拽上来，因为"这项工作没有载入清单"。现代文学中就"贼被偷"这个主题创造了别的许多变奏曲。归根结底，这都是地位的互换，都是情景违反制造情景的人的意志的倒置。

这里证实了我们已经举了许多例子的一条规律。当一个滑稽场面多次重演的时候，它就成了一种类型、一种样板。它本身就变得可笑，而不再依附于使我们发笑的原因了。这样，有许多新的场面，虽然从理论上说并不滑稽，但由于和上述滑稽场面在某一方面相似，事实上也就能使我们发笑。这些场面或多或少地在我们心中唤起了已知的滑稽形象。它们也就可以列入大家公认的某一类型的滑稽中去了。"贼被偷"就是这样一种场面的类型。这种场面把它所含的滑稽扩散到一系列别的场面。结果它就使得任何由于自己的过错而招来的倒霉事情变得滑稽了——不管是什么过错，也不管是怎样的倒霉事情。只要一暗示这种倒霉事情，只要说一句叫人想起这件倒霉事情的话，就够滑稽的了。"乔治·唐丹啊，这是你自找的"[1]这么一句话，如果不引起滑稽的共鸣，本身原来是没有什么可笑的。

（三）关于重复和倒置谈得已经够多的了，现在我们来谈谈相互干涉吧。这是一种很难归纳出一个公式来的滑稽效果，因为它在戏剧中的表现形式真是举不胜举。如果一定要给它下个定义的话，也许可以这样说吧：当一个情景同时属于两组绝不相干的事件，并可以用两个完全不同的意思来解释的时候，这个情景就必然是滑稽的。

我们立刻会想到滑稽剧中的误会。这种误会的确是同时具有两个不同意义的一种情景，一个是剧中人赋予它的可能的意义，一个是观众给它的实际的意义。我们之所以能看出这个情景的实际意义，那是因为作家已经把它的各个方面都指给我们看了。然而每一个剧中人却只知道一个方面，从而产生误会，产生他们对身边发生的事情以及对他们自己所做的事情所做的错误判断。我们既看到他们错误的判断，也知道什么是正确的判断，既看到他们赋予情景的可能的意义，也知道情景实际的意义。误会给我们的乐趣正存在于我们的思想在这两种对立的解释之间的摇摆。可以理解，某些哲学家特别注意到这种摇

1　莫里哀：《乔治·唐丹》。

摆，有些人甚至把两种矛盾的判断所生的冲突或重合看成是滑稽的本质。然而他们的定义远不能符合所有的情况，而即使在符合的情况中，这个定义也并没有对滑稽的本体加以界说，而只是把离本体相当远的一个后果加以界说罢了。戏剧中的误会显然只是更普遍的现象（即两组相互独立的事件的相互干涉）的一个特定情况，同时误会之所以可笑，并不由于它本身，而只是因为它是各组事件相互干涉的一个符号罢了。

在误会中，每一个人物都牵连在一组与他有关，对之有确切看法并据之以言论行动的事件之中。这些与每一个人物都有关的每一组事件都独立地发展着，然而在一定时刻和一定条件下（即构成这两组事件之一的言论与行动同样适合于另一组时），又彼此交叉起来。人物的误会由此而产生，双关性也由此而来；然而这种双关本身并不滑稽，它之所以滑稽乃是由于它体现了两组不相干的事件的会合。作家必须经常费尽心机把我们的注意力集中于这既独立又会合的双重事实，就说明了这一点。作家为了达到这个目的，通常让那些使会合在一起的两组事件有解体之虞但又并非实际存在的威胁层出不穷地出现。看来随时都要全盘瓦解，然而马上就得到补救。跟我们的思想在两个矛盾的判断间的摇摆比起来，这一套把戏更引人发笑。这套把戏之所以引人发笑，正是由于它使滑稽效果的真正源泉——两组相互独立的事件的相互干涉——在我们眼前显得明显起来。

因此，误会只能是一个特例。它是显示各组事件的相互干涉的手段之一（也许是最人为的一种），而不是唯一的手段。我们也可以不用两组同时发生的事件，而用一组古的，一组今的。如果在我们想象之中，这两组事件居然相互干涉起来，那时虽然并没有什么误会，依然能产生同样的滑稽效果。请想想被囚禁在希雍堡垒的波尼伐尔——这是第一组事实。再想想在瑞士旅行、被捕、被囚的达达兰——这是与前者无关的第二组事实[1]。现在你把达达兰跟波尼伐尔拴在同一条链子上，让两个故事暂时会合，那你就会得到一个非常有趣的场面，也正是都德的幻想创造出来的最有趣的场面之一。有许多英雄喜剧性质的事件都可以这样来分解。这种将古移今的滑稽办法也是从同样的思想中得到启发的。

拉毕史以各种不同的形式运用了这种手法。有时，他先制造两组各自独立的事件，然后使它们互相干涉：譬如先是一群为数不多的人——就说是一场婚礼吧——然后把他们放到完全不相干的场所，而某些巧合使得他们相互干涉起来。有时，他在整个剧里只有一组人物，然而其中有几个人有些事情需要掩饰，而这几个人客观上又需要互相串通，结果就在大喜剧中套进小喜剧，而两个喜剧随时都要互相干扰。事情最后得到安排，在两组事件之间建立了会合点。有时他甚至把一组纯属想象的事件穿插在一组真实的事件当中，例如使一段不愿告人的

---

1 波尼伐尔为16世纪日内瓦的爱国志士，被萨伏衣公爵查理三世囚禁达六年之久。拜伦有《希雍的囚徒》一诗歌颂波尼伐尔。达达兰则是都德小说中的主人公。

往事不断地和现在纠缠起来，而每次当它眼看就要颠覆整个形势的时候又总得到挽回。但是我们总是可以看到两组独立的事件，总是可以看到那部分的会合。

我们不再把滑稽剧的手法继续深入分析下去了。不管是两组事件的相互干涉也好，倒置也好，重复也好，目的总只有一个：取得我们所说的那个生活的机械化。你先来一系列行为和关系，然后或是把它照原样重复一下，或是把它颠倒过来，或是把它整个移置于另外一系列跟它部分地会合的行为和关系中去——所有这些操作都在于把生活看成是一个可以逆转，零件可以互换的重复的机械装置。实际生活之成为滑稽剧，正是在当它自然地产生某些诸如此类的效果的时候，因此也就正是在当它忘记了自己是生活的时候。这是因为，如果生活经常注意到它是生活，那它就该是一个不断变化的连续，该是一个不可逆转的发展，该是一个不可分割的整体。因此，事件的滑稽可以说就是事物的心不在焉，正如个人性格的滑稽总是由于人的某种带有根本性质的心不在焉一样。关于后一点，我们在前面已经大致谈到，以后还要详细解说。然而事件的心不在焉是种例外情况，它的效果也不强烈。同时，事件的心不在焉是无法纠正的，因此笑它也没有用处。所以，如果笑不是一件乐趣，如果人类不是抓住一切机会来制造笑的话，人们原是不会想到要去夸大事件的心不在焉，把它建成一个体系，为它开创一门艺术的。滑稽剧之所以产生，正是这个道理。它与实际生活的关系正和一个能讲话的木偶与一个能走路的人的关系一样，这是对事物的某种顺乎自然的僵化的一种十分人为的夸张。把滑稽剧与实际生活联系起来的那根线是很脆弱的。滑稽剧差不多只是一种游戏，它也跟一切游戏一样，是从属于一个已经约定俗成的常规的。性格喜剧的根则深深地扎入生活之中。我们将在本书最后一部分特别处理这个问题。不过我们应该先来分析一下在很多方面都与滑稽剧的滑稽相似的一种滑稽，那就是语言的滑稽。

要把语言的滑稽单列一类，也许有些牵强，因为我们前面研究过的各种滑稽效果大多数是以语言为媒介而产生的。但是我们却必须把语言表达的滑稽跟语言创造的滑稽区别开来。必要时，前一种滑稽可以从一种语言译到另一种语言，虽然在介绍到习俗不同、文学不同，特别是概念的联想不同的另一个社会时，不免要损失大部分的精华。而后一种滑稽一般是无法翻译的，因为它是由句子的构造和用词的选择得来的。它不是借语言之助来表明人或物的特定的心不在焉，而是突出地表现语言本身的心不在焉。在这里，滑稽的乃是语言本身。

不错，句子不是句子自己造出来的，所以当我们笑一句话的同时，也就笑了说这句话的人。但是后一条件并非不可或缺。语句和字眼在这里是有独立的滑稽力量的。因此，在大多数情况下，虽然我们隐约感到在语言的滑稽当中存在着人的因素，但是我们却很难说出我们究竟笑的是谁。

而且，有关的那个人并不一定是讲话的那个人。必须注意俏皮和滑稽之间存在着很大的区别。当一句话使得我们笑讲这句话的人的时候，我们也许觉得这句话滑稽，而当这句话使得我们笑一个第三者或者笑我们自己的时候，我们也许就觉得它俏皮。然而我们通常很难决定它究竟是滑稽还是俏皮，只觉得它可笑罢了。

在更进一步之前，也许应该仔细考察一下所谓俏皮是怎么回事。一句俏皮话至少可以使我们莞尔一笑，因此，如果不去深入探索俏皮的性质，不去阐明它的基本概念，那么关于笑的研究就不完整。然而我担心俏皮的这种非常精细的精粹一到阳光之下就会挥发得无影无踪。

让我们首先把俏皮这个词的广义的与狭义的两种意义区别一下。就这个词的最广义来说，似乎俏皮就是某种戏剧性的思想方式。俏皮的人不是把他的概念当作与己无关的象征符号来处理，而是把它们当成人来看待，听它们说话，特别是让它们像人那样相互对话。他把这样的概念搬上舞台，而他自己多少也跟着上去。俏皮的民族也是热爱戏剧的民族。在俏皮的人身上总有诗人的气质，正如一个善于朗读的人总带有演员的苗头一样。我是故意来进行这个比较的，因为我们不难在这四项——俏皮的人和诗人，善朗读者和演员——之间定出某种比例。要朗读得好，只消具备演员艺术中属于智能的那一部分；然而若要演得好，就必须做一个把整个身心都交给戏剧的演员。同样，要创作诗歌，需要在一定程度上忘掉自我，而俏皮的人通常不至于如此。俏皮的人或多或少地在他所说所做的事情背后显露出来。他并不把他的整个身心都贯注在他所说的话和所做的事情当中，因为他放进去的只是他的智能。

每一个诗人，只要他愿意，都可以显示自己是一个俏皮的人。为了这，他用不着取得什么东西，倒是必须丢掉一点东西。他只消让他的种种思想"只为了乐趣而别无其他目的"地相互交谈就行了。他只要把那使思想和情感保持接触，使心灵和生活保持接触的双重联系解开就成了。总之，如果他愿意不再做一个既有智能又有情感的诗人，而做一个只有智能的诗人，他就是一个俏皮的人了。

如果说俏皮一般就是sub specie theatri（以戏剧的眼光）来看事物的话，那么它就特别可以运用到某种戏剧——喜剧中去。从这里我们就得出狭义的俏皮，也就是从笑的理论这个观点来看唯一与我们有关的意义。我们这就可以把俏皮说成是顺手制造喜剧场面的气质，而且它制造得那么巧妙、轻松、敏捷，当我们刚开始发觉的时候，一切都已经完成了。

在这些场面中的演员是谁呢？俏皮的人是跟谁打交道呢？首先是跟他谈话的对手——如果他所说的话是直接对他对手进行的反驳的话。可是时常他是和一个并不在场的人打交道，他假设这个人说了话，现在来回答他。更多的时候还是跟所有的人，我想也可以说是跟人的常识打交道，因为他把一个流行的概念改得似是而非，或者运用口头禅，或者篡改引语和格言。如果你把这些场面比较比较，就可以发现，他们一般地都是我们已经熟悉的那个"贼被偷"的喜剧主题的种种变奏曲。人们抓住一个暗喻、一个句子、一个推理，然后把它们翻一个身来反对它们的原作者，使他说了他并不曾想说的话，同时使他在某种意义上落入自己所设的言语的陷阱里。不过"贼被偷"并不是唯一可能的主题。我们已经检视过好些种滑稽，其中没有哪一种是不可以磨砺成为俏皮的。

因此，俏皮话是可以加以分析的。我们现在就可以把进行这种分析的处方开出来。把一句俏皮话拿过来，先把它夸张成为一个戏剧场面，然后看这个戏剧场面属于哪一类的滑稽，这样一来，你就把那句俏皮话分解成为它的最简单的成分，同时获得它完整的解释。

现在让我们把这个方法应用到一个古典的例子上去吧。赛维尼夫人[1]在给她病中的女儿的信上写道："J'ai mal à votre poitrine ."（你的胸使我痛。）[2]这是一句俏皮话。如果我们的理论是正确的话，那我们就只消把它夸张一下，把它扩大加深，就可以看到它扩展成为滑稽场面。而我们找到的正是莫里哀在《医生的爱情》中的那个现成的场面。冒牌的医生格里党特被召去给斯卡纳赖尔的女儿看病。他号了斯卡纳赖尔的脉，就根据父女之间必然息息相关的道理，毫不犹豫地说："令爱病得很厉害啊！"这就是从俏皮转为滑稽了。为了完成我们的分析，我们只要再看一看，在听诊了父母之后便给儿女做出诊断这样一个思想里究竟有什么滑稽的成分。我们知道，滑稽味的一个最主要的形

1　17世纪法国作家。

2　法语中 J'ai mal à la poitrine 为"我胸痛"之意。这里把定冠词 la（为"我的"之意）改为主有限定词 votre（你的）。

式就是把活生生的人表现成为类乎能活动的木偶一样，而为使我们心中产生这样一个形象，作家为我们显示好像由看不见的线拴在一起似的说话和行动的两个或者几个人物。把父女之间的同感予以物质化，暗示给我们的不正是这样一个概念吗？

我们这就可以明白，为什么许多研究俏皮这个问题的著作家只能指出俏皮二字所指的事物的异常的复杂性，却常常不能给它下个定义。俏皮的方式固然很多，然而不成其为俏皮的方式也一样的多。如果我们不从决定俏皮和滑稽之间的一般关系着手，怎能看出那些方式之间共同的东西？一旦把这个一般关系找了出来，一切就都一清二楚了。滑稽和俏皮之间的关系就跟已经创造出来的场面和有待创造的场面的难以捉摸的苗头之间的关系一样。滑稽有多少种形式，俏皮也就有多少种相应的变体。因此首先应该找出把一个滑稽形式和另一个滑稽形式联结起来的那条线索，（这已经相当困难了）从而给在各种形式下的滑稽下个定义。在这个过程中，我们也就把俏皮做了分析。我们将看到，俏皮不过是挥发成为气体的滑稽而已。如果用相反的方法，直接去找俏皮的公式，那就必然要碰钉子。如果一个化学家放着实验室里大量的物质不用，却硬要到只含极少量这种物质的大气中去进行研究，我们将作何感想？

对俏皮和滑稽所做的比较同时也可以指示我们在研究语言的滑稽时应该采取的途径。这是因为，一方面，滑稽话和俏皮话之间没有根本的区别；另一方面，俏皮话虽然与语言的某一辞格相关，所唤起的却是某一滑稽场面的或清晰或模糊的形象。这也就是说，语言的滑稽必须逐点和行动与情景的滑稽相对应。如果可以这样说的话，语言的滑稽只不过是行动与情景的滑稽在语言这个平面上的投影罢了。因此，我们还是回到行动与情景的滑稽，研究一下获得这种滑稽的手法。把这些手法用到遣词造句方面去，我们就将找到语言的滑稽的各种形式，以及俏皮的各种可能的变体了。

（一）由于僵硬或者惯性的关系，我们说了不想说的话，做了不想做的事，这是滑稽的重要根源之一。因此，"心不在焉"从根本上来说是可笑的。同样，我们也笑在姿势、体态甚至面部线条中僵硬、刻板、机械的东西。在语言里是不是也可以看到这种僵硬的东西呢？当然可以，因为在语言中也有现成的格式和像刻印出来似的语句。老是用这一套陈词滥调说话的人物必然是滑稽的。但是为了使一句话脱离说话的人而本身就成为滑稽，单凭这是一句陈词滥调还不够，它还必须带有某种记号，我们凭这记号一眼就可以看出那句话是不假思索地说出来的才行。只有在这句话里包含有明显的荒谬——或者是一个明显的错误，或者是用语的自相矛盾——的时候，上述条件才能实现。因此我们可以得出这么一条普遍规律：在陈词滥调中插进荒谬的概念即得滑稽的语言。

普鲁多姆[1]说："Ce sabre est le plus beau jour de ma vie."（这

---

1 19世纪法国作家莫尼埃（Henry Monnier）创造的人物典型。普鲁多姆腹内空空而异常自负，说话装腔作势，充斥陈词滥调。

把剑是我一生中最光辉的日子。）在法语中，这句话是滑稽的，翻译成英语或德语就只见其荒谬。那是因为"le plus beau jour de ma vie"是我们法国人的耳朵已经听惯了的现成的句子结尾。所以，为了使这句话成为滑稽，只消明白显示出说这话的人的不假思索的机械性就行了。在这句话里插进一点荒谬的东西，就可以做到这一点。在这里，荒谬并不是滑稽的根源，而只是显示滑稽的最简单最有效的手段。

我们只引了普鲁多姆的一句话，其实他所说的话大多数都是从这个模子里刻出来的。普鲁多姆是陈词滥调的专家。由于各国语言里都有陈词滥调，普鲁多姆这个人物一般说来是可以移植到别处去的，虽然他的话很少能译成别的语言。

有时在陈词滥调掩盖下的荒谬比较难以看出。有一个懒汉说："我不喜欢在两餐饭中间干活。"如果没有"不应该在两餐饭中间再吃东西"这么一句卫生格言，那句话就并不见得可笑了。

也有时候滑稽效果更加复杂。有时不止一个陈词滥调，而是两三个陈词滥调交织在一起。例如拉毕史笔下的某一人物说了这么一句话："只有上帝有权利杀他的同类。"他在这里充分利用了我们熟悉的两句话，那就是"上帝支配众人的生命""杀他同类的人有罪"。然而这两句话这么一结合，就蒙过了我们的耳朵，给我们留下了这样一个印象，仿佛这是一句经常重复，被人们自然地接受了的俗语似的。因此，我们的注意力一时好像处于睡眠状态，但句子意义的荒谬马上就把它唤醒了。

这些例子足以说明滑稽的最重要形式之一是怎样以简化了的形式被投影到语言这个平面上来的。现在让我们转到另一个比较不那么普遍的形式上去吧。

（二）我们曾在本书第一章里提出这样一条规律：“凡与精神有关而结果却把我们的注意力吸引到人的身体上去的事情都是滑稽的。”现在让我们把这条规律应用到语言上来。我们可以说，大多数词都有一个物质的意义和一个精神的意义，以这个词是用之于本义还是转义而异。所有的词本来都是指一个具体的物体或是一个有形的动作的，但是词义逐渐精神化起来，成为抽象的关系或纯粹的概念。如果上述那条规律还得以成立的话，那就必须这样说：当一个表达方式原系用之于转义，而我们硬要把它当作本义来理解时，就得到滑稽效果。也可以这样说：一旦我们的注意力集中到某一暗喻的具体方面时，它所表达的思想就显得滑稽了。

“Tous les arts sont frères”（各门艺术都是兄弟），在这句话里，“兄弟”一词用作暗喻，用来指示关系较深的类似。这个词是这样常用，以至我们在听的时候就不再想到其中有一个暗含在一个关联中的具体的物质的意义了。如果有人说“Tous les arts sont cousins”（各门艺术都是表兄弟），我们就要想到这一层，因为“表兄弟”一词很少用于转义，从而在这里带有轻微的滑稽色彩。现在让我们推到极端，假设有人选择了这样一个关联，它跟它应该联系的两个词的性质不能相容，那么我们的注意力就突然被吸引到这个形象的具体方面去，这时就得到可笑的效果。被认为是普鲁多姆说的那句名言"Tous les arts sont soeurs"[1]（各门艺术都是姐妹）就是这样一句话。

有人在布佛莱尔公爵[2]面前谈到一个爱矫揉造作的人物时说："Il court après l'esprit."（直译为："他在俏皮后面奔跑。"意译为："他追求俏皮。"）如果布佛莱尔这样答道："Il ne l'attrapera pas."（他永远也赶不上它。）那就有点俏皮话的苗头了，然而还仅仅只是有点苗头而已，因为"attraper"一词跟"courir"一词都经常用于转义，并不足够强烈地迫使我们想到两个人一前一后地奔跑这样的具体形象。如果要使回答充分俏皮，那就得从体育用语中去借一个具体生动的词，使人不得不毫不含糊地想到赛跑的场面。布佛莱尔的回答正是这样。他说："Je parie pour l'esprit."[3]（我把赌注押在"俏皮"这匹马上。）

我们曾说，俏皮时常在于把谈话对方的意思推展到与他的原意恰恰相反的地步，使他掉进自己布置的陷阱中去。让我们现在再补充一句，这个陷阱时常也就是一个暗喻或者明喻，而我们用它的具体意思来跟它作对。我们还记得在《假装的

1　在法文中，arts是阳性名词，后面用一个阴性名词soeurs做表语，便显得别扭。如说La poésie et la peinture sont soeurs（诗歌和绘画是姐妹），便很自然，因为主语和表语都是阴性名词。

2　布佛莱尔（Boufflers），17世纪法国的一位元帅。

3　在跑马场上，赌者当然把赌注押在他认为将跑得最快的马上。布佛莱尔的意思是说，那个人想追求俏皮也总是追求不上。

老好人》[1]当中有一段母子之间的对话："孩子啊，股票交易是场危险的赌博。第一天赢了第二天就输了。""好吧，我以后隔一天去耍一回吧。"在同一剧本里还有两个金融家之间的一段大有启发意义的谈话："咱们干的交易算得上正大光明吗？唉，可怜的股东啊，咱们这是在他们腰包里掏钱哪……""不在腰包里掏，还在哪儿掏？"

因此，当我们把一个符号或象征沿着它的具体意义的方向发展，又硬要它保留原来的象征意义时，就得到可笑的效果。在一出欢乐的滑稽剧里有一个摩纳哥的公务员，制服上挂满了勋章，但是其中只有一个是真正奖给他的。他说："是这么回事，我那天把我的勋章押在轮盘赌的一个号头上，押中了，一赔三十六。"这不是跟《厚颜无耻的人们》[2]中的吉波依埃的推理一样吗？别人正在谈一位年已四十的老新娘子，结婚礼服上戴着几朵橙子花。吉波依埃说："她有资格戴几只橙子哩！"

如果我们要把已经提出的各条规律一一列举，看看在语言方面是否也能适用，那就没完没了了。我们还是只看看前面所说的那三个普遍命题吧。我们说过，"成组的事件"可以通过重复、倒置、相互干涉这三种方式而变得滑稽。现在就来看看在语词这方面是否也是如此。

1　《假装的老好人》（*Les Faux Bonshommes*）是19世纪法国作家巴列埃尔（Barrière）及加邦杜（Capendu）合著的。

2　《厚颜无耻的人们》（*Les Effrontés*），19世纪法国剧作家奥基埃（Emile Augier）著。

试把一组事件以新的格调或在新的环境中重复，或者把这些事件的先后顺序颠倒过来而使它依然保持一个意义，或者把这些事件混合起来使它们的意义互相干扰，这些都是滑稽的，因为那都是要求生活任人当作机械来处理。然而思想也是活的东西。表达思想的语言应该同样也是活的东西。由此可以设想，如果一句话被拧了过来而仍旧保持一个意义，或者如果它能毫无差别地表达两组互不相关的意思，或者如果这句话是由于把一个概念移到它本来没有的色彩而得来的，那么这句话就是滑稽的。这些可说是句子的滑稽化改造的三条基本规律，我们将举几个例子来说明。

首先要说明白，这三条基本规律在滑稽理论中并不是同等重要的。倒置是最没有意思的手法，然而运用起来却很方便。爱说俏皮话的人听见人家说出一句话，总要试试能不能通过倒置的办法取得新的意义，例如把主语放在宾语的位置上，把宾语放在主语的位置上。也常有人用这种办法，以逗趣的字眼来反驳别人。在拉毕史的一出喜剧当中有这么一个人，住在他楼上的房客老把他的阳台弄脏，就嚷嚷道："您干吗老是把烟灰往我阳台上磕？"那房客答道："您干吗把阳台搁在我烟斗底下？"这一类俏皮话的例子简直举不胜举，也用不着再多谈了。

在同一句话当中两套概念的相互干涉是滑稽效果的取之不竭的源泉。要制造这样的相互干涉，也就是在同一句话当中插入两种交错的互不相关的意义，办法是很多的。最容易的办法是用同音异义语。在同音异义语中，仿佛是同一句话表示两种不同的意义，然而那只是表面现象，实际上还是由不同的词构成的两句不同的句子，只是人们利用它们听起来音相同而硬要把它们混淆起来罢了。从同音异义语可以逐步过渡到真正的文字游戏。在文字游戏中，同一句话当中当真包含两套不同的概念，而用的也是同样一些词。这时所利用的是一词多义现象，特别是从本义到转义的转变。因此，文字游戏与明喻或暗喻时常只有细微的差别。明喻及其形象仿佛是显示言语和自然——这是表现生命的两个并行不悖的形式——之间的紧密一致，而文字游戏则毋宁是使我们觉得言语放任自流了：它一时忘了自己的真正使命，不愿适应事物，而硬要事物来适应它自己。文字游戏因此表现为言语一时的心不在焉，而唯其心不在焉，所以才可笑。

总之，倒置和相互干涉不过是一些导致文字游戏的思想游戏而已。移置产生的滑稽则深刻些。移置与日常语言之间的关系跟重复与喜剧之间的关系一样。

我们说过，重复是古典喜剧爱好的手法。重复就是对事件的这样一种安排，它使得某一场面或者在相同的人物间在不同环境中再现，或者在不同的人物间在相同的环境中再现。例如由仆人以较粗俗的语言重复主人已经演过的场面。现在假设有一些思想是以与之相适应的语言风格表达的，同时是安置在这些思想的自然环境中的。如果你设想有一种办法可以使这些思想移置到新的环境而保持它们之间原有的关系，换句话说，如果你能把这些思想以一种完全不同的语言风格来表达，能变换为一种完全不同的笔调，那么，在这种情况下，产生喜剧效果的将是语言本身，滑稽可笑的也将是语言本身了。然而也根本不需要把同一思想的两种表达——自然的表达和移置了的表达——都显示出来，因为自然的表达是我们所熟知的，是我们凭本能就可以发现的。因此，要创造滑稽，就得努力去找那另一种表达，也只需要找那另一种表达。只要把移置了的表达说出来，我们立即就会自动把那个自然表达补充上。从而可以得出这样一个普遍规律：将某一思想的自然表达移置为另一笔调，即得滑稽效果。

移置的手段是如此多种多样，语言提供的各种笔调是如此丰富，而从最贫的插科打诨到幽默和反语这些高级形式，滑稽又有如此多不同的等级，我们也就不想一一列举了。我们只把规律提出来，举几个主要的实例来检验一下。

我们可以首先区别两种极端的笔调——庄严和亲昵。把这两种笔调一加移置，就可以取得极大的效果，而从此也可以看出滑稽味的两个相反方向。

如把庄严的笔调改为亲昵的笔调，就可以得出被称之为仿拟的游戏文章。这种仿拟的游戏文章的效果可以用之于这样一些情况，即用俗语词汇表达在习惯上原该是用另一种文体表达的思想。例如让·波尔·利希特尔[1]所引的那句关于日出的描写："天空由黑转红，好像一只在烹烧中的龙虾。"我们也可以看到，

1　让·波尔·利希特尔（Jean Paul Richter），19世纪初德国著名幽默作家。

用现代生活中的词汇来表达古代的事物也会产生同样的效果，因为古代的事物周围本来就已经笼罩着一层诗的光环。

仿拟的滑稽显然启发了某些哲学家，特别是亚历山大·拜恩[1]，促使他们用品位降低来作为一般的滑稽的定义。照他们的说法，"当一个本来是受到尊重的事物被表现为平庸卑劣时"，即产生滑稽。然而，如果我们的分析是正确的话，那么品位降低不过是移置的形式之一，而移置本身也只是产生笑的手段之一而已。别的手段还多得很，而笑的来源还必须往更高处寻找。现在即使不走那么远，也已经很容易看出，如果说把庄严的换成平凡的，把最好的换成最坏的是滑稽，那么，倒过来的移置应该更加滑稽。

这样的移置跟那样的移置都同样常见。看来我们可以根据移置的对象是事物的大小还是它们的价值来区别移置的两种主要形式。

把小的东西说得像是大的，那就是夸张。当夸张被扩展，特别是当夸张成了体系，那就是滑稽了，因为那时夸张就显得是移置的一种手法了。夸张是如此引人发笑，以至某些作家就以夸张作为滑稽的定义，正如别的一些作家把品位降低作为滑稽的定义一样。事实上夸张跟品位降低一样，都不过是某一种滑稽的某一种形式而已。诚然，这是一种很吸引人的形式。夸张产生过壮烈而滑稽的所谓滑稽英雄诗，这是一种虽已过时，

---

1 亚历山大·拜恩（Alexander Bain），19世纪末英国哲学家。

但在有夸张倾向的人的作品中还可以找到残余痕迹的一种作品类型。我们也可以说，大吹大擂之所以可笑，正是由于它有滑稽英雄味。

如果把由下至上的移置用之于事物的价值，而不再是用之于事物的大小，那就更加人为，也就更加精巧了。用高尚的语言表达不道德的思想，用严格的体面（respectability）的词汇去描写猥亵的场面、低微的职业、卑劣的行为，一般地都是滑稽的。刚才我用了 respectability 这个英语单词，就是因为这种手法本身就是十足英国味的。在狄更斯、萨克雷以及整个英国文学当中可以举出无数的例子。顺便指出一点：这种效果的强度并不由词语的长短决定。有时候一个字就够了，只要这个字能使我们看出为某一社会阶层所接受了的一套移置法，只要这个字在一定程度上暴露出不道德行为的道德化就行了。大家总还记得，果戈理的某部剧本中一个高级官员对他的下属说的那句话："像你这一等级的官员要贪污这么多，未免过分了。"

总而言之，先是有相互比较的两个极限项——最大与最小，最好与最坏。在这两个极限之间，移置这种手法可以通过由此及彼或者由彼及此两种方式来进行。如果把对比的两项之间的间隔缩短，那么对比就越来越不露骨，而滑稽移置的效果也越来越细腻了。

最常用的对比大概是现实和理想，"现在是怎样"和"应该是怎样"之间的对比了。在这方面，移置也可以循两个相反的方向进行。有时，人们说的是应该是怎样，却装出相信现在就是这样的样子，这就是反语。有时则相反，人们把现实的事情详详细细、小心翼翼地描写出来，却假装那是事情应该有的模样，这就是幽默。这样的幽默就是反语的对面，两者都是讽刺的形式，但反语具有雄辩术的性质，而幽默则含有比较科学的内容。如果我们所追求的善的思想能使我们的心灵提到越来越高的境界，反语的效果也就更加强了。因此，反语像是一部蒸汽机，汽烧得越足，说服力也越大。与之相反，加强幽默的效果的办法是逐渐降到既存弊端的内部，以无动于衷的冷酷态度去记下这个弊端的特点。包括让·波尔·利希特尔在内的好些作家注意到幽默特别喜欢具体的词汇、技术性的细节、明确的事实。如果我们的分析是正确的话，这就不是幽默的一个偶然的特点，而是幽默的本质。幽默家是化装成科学家的伦理学家，他有点像是一个以激起我们厌恶之情为目的的解剖学家。而幽默，就我们在这里所取的狭义而言，正是从道德到科学的一种移置。

如果我们把移置的两项之间的间隔更加缩短，就能得到一套又一套越来越特殊的滑稽移置。例如，某些行业有它的特殊用语，如果把全民生活中的概念移置到职业语言中来，岂有不产生滑稽效果的道理！如果把商业用语用到一般社交中来，同样也是滑稽。拉毕史作品中有个人接到一张请束，上面写着"Votre amicable du 3 de l'écoulé"，这就是套了商业函件中"Votre honorée du 3 courant"(本月3日大函)的格式。更进一步，当这种滑稽不再是暴露一种职业性的习惯而是暴露一种性格的缺点时，就将更为深刻。大家该还记得《假装的老好人》和《贝诺亚东一家》[1]中的那些场面。在那些场面当中，婚姻被当作买卖来处理，谈情说爱用的也是十足的商业用语。

我们在这里已经接触到语言的特点表示性格的特点这个问题了。这个问题将留待下一章再做进一步的研究。语言的滑稽紧随情景的滑稽而来，而将与之一起化入性格的滑稽中去。从前面所述可以看到这一点，预料在下章中也将使这一点得到证实。语言之所以能导致滑稽效果，只是由于它是人的产物，它是尽可能精确地按照人的思想的各种形式模造出来的。我们感觉到语言之中有依赖我们的生命而存在的东西。如果语言的生命完整无缺，如果其中没有凝固的东西，如果语言是不能分裂为若干互不相干的机体的一个完全一致的机体，它就将跟和谐一致得有如平静无波的水面的心灵那样，可以不致成为滑稽的事物了。然而没有一个池塘面上不漂几片败叶，没有一个心灵上不沾染一些使心灵僵硬得既不能适应别人也不能适应自己的积习，也没有一种语言是充分灵活，充分活跃，充分警惕它的各个部分，达到能以消除一切陈词滥调，能以抗拒倒置、移置这些机械操作的地步。僵硬、刻板和机械是跟灵活、不断变化和生动活泼相对立的，心不在焉是跟专心致志相对立的，机械动作是跟自由活动相对立的——笑要突出并纠正的正是这些缺

1　《贝诺亚东一家》（*La Famille Benoiton*），出自19世纪法国剧作家萨尔杜（Sardou）之手。

点。当我们开始对滑稽进行分析的时候，我们就求助于这个思想，请它来照亮我们的出发点。在我们的前进道路中的每一个具有决定意义的转折点上，这个思想总是发出灿烂的光芒。现在我们也要遵循这个思想来从事更重要，但愿也是更有启发性的一项研究。我们的目的是研究滑稽的性格，或者说是确定性格喜剧的主要条件，然而我们同时也试图使这项研究有助于了解艺术的真正性质以及艺术与生活的一般关系。

第三章

性格的滑稽

一

　　我们已经沿着滑稽的许多曲折途径，探索它怎样渗入形式、体态、姿势、情景、行动与语言之中。现在我们要来分析滑稽的性格了。这是我们的任务当中最重要的部分。如果我们只是根据少数几个明显的，从而也是蹩脚的例子就给"可笑"下个定义，那也就将是我们的任务当中最困难的部分，因为当我们上溯滑稽的最高表现形式的时候，我们将会看到事实从企图把它们框住的太大的网眼当中溜走。我们事实上是遵循了相反的方法，我们是自上而下地观察的。我们深信笑具有社会的意义与价值，深信滑稽首先表示人对社会的某种不适应，深信除了人以外无所谓滑稽，因此我们研究的对象首先是人，是人的性格。困难的倒是怎样解释我们为什么有时笑性格以外的东西，怎样解释滑稽通过哪些巧妙的渗透、组合或混合竟能潜入单纯的运动，潜入与人无关的情景和独立的语句中去。我们迄今为止所进行的就是这样一件工作。我们过去是把纯金属拿来，我们所做的努力只是为了从这纯金属出发去找出含有这金属的矿石。现在我们则要来研究这金属本身。再也没有比这更容易的了，因为现在跟我们打交道的是一种单纯的元素。让我们把它仔细观察一番，看看它是怎样对其他的一切起作用的。

我们说过，有一些精神状态，只要我们感觉到，就会受到感动。喜怒哀乐可以激起我们的同感，情欲和恶习可以引起旁观者的震惊、恐怖或者怜悯，总之，情绪可以通过共鸣传给别人。所有这一切都和生命的本质有关。所有这一切都是严肃的，有时候甚至于是悲剧性的。只有在别人不再感动我们的时候，喜剧才能开始。喜剧是随着我们不妨称为对社会生活的僵化（不适应）而开始的。机械地独自行动而不注意和别人接触的人物是滑稽的。这时候我们为了纠正他的心不在焉，为了使他从迷梦中觉醒过来而笑他。如果容许把大事情与小事情相比的话，我们想在这里提一提我们入学的事。当新生通过了考试这一难关，他还要面临别的关口，那就是老生为了使他适应刚踏进的新社会而为他设下的关口——他们说，这是为了使他的性格灵活一点。在大社会当中的一切小社会都由于一种模糊的本能，想出一套办法来纠正和软化它的成员从别处带来的僵硬的习惯。真正的社会也不例外。必须使每一个成员经常注意他的周围，仿效他周围的人行事，避免他顽固自守或关在象牙塔里。因此，社会在每个成员头顶笼罩上一层东西——即使不叫惩罚的威胁，至少也可说是遭到羞辱的前景。这种羞辱尽管轻微，却也一样可怕。笑的功用就应该是这样的。对被笑的对象来说，笑多少总有点羞辱的意味，它的确是一种社会制裁的手段。

从而产生滑稽的模棱两可的性质。它既不完全属于艺术，也不完全属于生活。一方面，如果我们不能像从包厢上看戏那样来旁观现实生活中人物的活动，他们就不会引我们发笑。他们之所以在我们心目中成为滑稽，仅仅是因为他们为我们演了喜剧。但是，另一方面，即使在戏剧里，笑这种乐趣也不是一种纯粹的乐趣，也就是说，也不是一种完全属于美学范畴，毫无利害观念的乐趣。这里总掺杂着一种弦外之音——即使我们不是每一个人都有，但就整个社会来说是存在着的。这里总掺杂着一种想羞辱人的秘密意图，从而也是纠正人——至少是从外部吧——的秘密意图。因此，喜剧比正剧更接近现实生活。正剧越是伟大，诗人就越是要苦心经营，从现实中提炼出纯粹的悲剧性来。与此相反，喜剧只有在它的低级形式，即在滑稽剧和闹剧中，才是和现实有所出入的。喜剧越是高级，与生活融合一致的倾向便越明显；现实生活中有一些场面和高级喜剧是如此接近，简直可以一字不改地搬上舞台。

由此可见，在戏剧中和在生活中，滑稽性格的元素都是一样的。这些元素是什么呢？我们不难把它们推演出来。

人们常说，我们的同类的轻微的缺点是可笑的。我承认在这个意见当中有一大部分是真理，然而我不能认为这种说法全对。首先，就缺点而论，很难在轻微和严重之间划界限。也许不是因为缺点轻微才引人发笑，倒是因为我们笑它才觉得它轻微，因为笑是最能使我们消怒的东西。还可以更进一步来看，有些缺点，我们明明知道严重，却依然笑它。阿尔巴贡的吝啬便是一个例子。其次，我们还不得不承认——尽管有些勉强——我们不但笑同类的缺点，有时候同样也笑他们的优点。我们也笑《恨世者》里的阿耳塞斯特。有人会说，滑稽的不是阿耳塞斯特的正直，而是在他身上正直的特殊表现形式，总之，是损害了他的正直的某种怪脾气。这种说法我也同意，但是并不因此就不能说，我们所笑的阿耳塞斯特的那种怪脾气使他的正直成为可笑，而这是关键所在。因此，让我们来做个结论：滑稽并不总是缺点（就其伦理的意义而言）的标志，如果人们一定要在滑稽中间看到缺点，看到轻微的缺点，那他必须指出轻微与严重的明确界限在什么地方。

事实是，严格说来，滑稽人物是能适应严格的道德的。他所缺的是适应社会的能力。阿耳塞斯特具有完全正直的人的性格。然而他不能合群，而他之所以滑稽正是由于这一点。取笑灵活的罪恶难，取笑执拗的德行易。引起社会戒心的正是这种僵硬的态度。因此，在阿耳塞斯特身上使我们发笑的是他的僵硬的态度，尽管在这里僵硬就是正直。谁要离群孤立，谁就不免可笑，因为滑稽多半就是以这种孤立为原料的。这也说明为什么滑稽时常与社会的习俗、思想——说得更明白些，也就是与社会的偏见有关的道理。

然而为了人类的荣誉，我们还是得承认，社会的理想和道德的理想之间并没有什么基本的区别。我们因此可以承认，一般说来，引人发笑的确实是别人的缺点，然而我们还得补充一句，这些缺点之所以可笑，与其说是由于它们的不道德，不如说是由于它们的不合社会。现在剩下的问题就是弄清楚哪些缺点可能是滑稽的，在怎样的情况下，我们又认为这些缺点严重到不能取笑的地步。

我们其实已经暗中对这个问题做了回答。我们说过，滑稽诉之于纯粹的智能，笑和情感水火不容。无论你描绘的缺点怎样轻微，如果你激起了我的同情、恐怖或者怜悯，我就不能笑这个缺点。相反，如果你挑选了一个严重的甚至是可憎的恶习，又如果你用适当的手法，使我对它无动于衷，那么，你就可能使这恶习成为滑稽可笑。我并不说恶习一定可笑，我只说它可能成为可笑。绝不可以激起我的感情——这是唯一真正必要的条件，虽然未必一定就是充分的条件。

那么喜剧诗人是怎样阻止别人动感情的呢？这是一个令人困惑的问题。要想阐明这个问题，必须从事一系列新的研究，必须对被我们带到戏剧中去的人为的同感加以分析，必须弄清在什么情况之下我们接受想象的欢乐和痛苦，在什么情况之下我们又拒绝分享它们。有一种艺术可以麻痹我们的敏感，使我们的敏感进入梦境，就像是受到催眠了一样。也有一种艺术可以在我们的同情心正要出现的时候就把它打击下去，因而即使是严肃的情景，我们也不予以认真的对待。在后一种艺术中主要有两种手法，喜剧诗人都是有意无意地在运用着的。第一种手法是把赋予人物的情感在他心中孤立起来，使它变成一种具有独立生命的寄生状态。一般说来，一个强烈的情感可以由近及远地扩展出去，把它特有的色彩染上其他所有的精神状态。如果诗人让我们看到这种逐步渗透的过程，那么，慢慢地，我们心中也就渗进了一种相应的激动。我们不妨换另一种形象化的说法，那就是，当某种激动中的全部和声都随着基调一起出现的时候，这种激动就是戏剧性的、有感染性的。相反，在不能使我们无动于衷而成为滑稽可笑的激动当中，总有一种僵硬性在阻止它和心（这是它的驻在地）的其余部分相沟通。到了一定时刻，这种僵硬性就会以木偶般的动作显示出来，引起我们的笑声。其实早在这个时刻以前，它已经在那里妨碍我们的同情心了，因为我们是不能跟一个本身都不和谐一致的心和谐一致的。在《吝啬鬼》里有一场戏是接近于正剧的。那就是放高利贷者和贷款人那一场，他们以前没有见过面，忽然面对面地相见了，原来就是父子二人。如果在阿尔巴贡心中互相冲突的吝啬和父爱，在这里以多少有些独特的方式结合起来，那就成了地道的正剧了。事实却根本不然。两个人话还没有谈完，父亲就已经把什么都忘了。等到再遇见他儿子的时候，他也就是随便一提那个十分严重的场面："至于你，我的小少爷，方才那事儿，我就开恩饶了你了……"因此，吝啬是心不在焉地从其他一切情感旁边溜了过去，既没有去碰它们，也没有被它们碰着。吝啬尽管早已深入阿尔巴贡的心中，早已成为一家的主宰，然而依然不免还是一个外人。任何其他的处理都将使阿尔巴贡的吝啬具有悲剧的性质。这时候，吝啬就会把人的种种力量：各种情感和伦常、各种欲望和厌恶、各种恶习与德行，都吸引到它周围消化吸收，加以改造。所有这一切就会变成另外一种物质，由吝啬赋予一种新的生命。看来这就是高级喜剧与正剧之间的首要区别。

还有第二个主要区别，它较为明显，然而也是从第一个主要区别中派生出来的。诗人描绘一种精神状态，有意使它戏剧化，或者只是希望我们予以严肃对待，并逐渐把这种精神状态导向一些能准确显示这种状态的行动。例如守财奴挖空心思来积攒钱财；虚伪的信徒虽然假装双眼朝天，其实却最善于在人间钻营。喜剧当然不排除这样的结合，达尔杜弗的各项阴谋诡计便是一个明证。这是喜剧和正剧共同的东西，而喜剧为了有别于正剧，为了阻止我们严肃对待严肃的行动，为了使我们发笑，就使用这样一种方法，公式如下：喜剧不把我们的注意力导向各种行为，而把它导向各种姿势。我这里所说的姿势包括体态、动作，甚至还有言语，通过它们，某种精神状态无目的地、不计功利地、仅仅是出之于某种内在的需要而流露出来。在这种意义下的姿势和行为有着深刻的区别。行为有一定的目的，至少是有意识的；姿势是自发的，是无意识的。行为涉及人的整个身心；姿势是人的孤立的一部分的表现，整个人格并不知情，或者至少是并没有参与。最后（也是最重要的一点），行为与激发它的情感恰成正比例；从情感到行为，有一个逐步进展的过程，我们的同情或反感也沿着这一条线向前发展，逐步增强。而姿势却具有一种爆发性，它把我们行将入睡的敏感唤醒，使我们醒来，从而阻碍我们认真看待事物。因此，在我们的注意力集中到姿势上面，而不是集中到行为上面的时候，我们就进入喜剧的领域。达尔杜弗这个人物，就其行为来说，可以属于正剧，只是在我们更多地考虑他的姿势的时候，才觉得他滑稽。我们不妨想想他进场的第一句台词："劳朗，把我的修行衣和惩戒鞭收好了。"他说这话的时候，明知道丽娜能听见，然而即使她不在，他还是会这样说的。他是如此进入他那伪善者的角色，简直可以说是真心诚意在扮演。正由于此，也仅仅由于此，他才能成为滑稽的人物。要是没有这种有形的真诚，没有他那由于长期实践伪善而在他身上转化为自然姿势的体态与言语，达尔杜弗可能只是可憎而已，因为那时我们就不会只想到他行为中有目的性的那一部分而不去想其中习惯成自然的那一部分。由此可见，行为在正剧中是主要的东西，而在喜剧中是附属的东西。在喜剧中，我们感觉到人们原可以选择完全不同的场面来表现同一人物。我们在正剧中就没有这种印象。在正剧中，人物和场面融合无间；或者说得更清楚些，事件是人物不可分割的部分，以至如果一出正剧的故事改变了，即使人物的名字没有变动，我们所看到的却是另外一些人了。

总之，一个人物是好是坏，关系不大，而如果他与社会格格不入，就会变得滑稽。事件的严重与否关系也不大，只要能安排得不动我们的情感，就能引起我们的笑。总而言之，人物的不合社会和观众的不动情感是两个根本条件。除此之外，还有第三个条件，这个条件包含在前两个条件之中，而我们迄今为止的全部分析，其目的都是为了把这个条件揭示出来。

那就是机械作用。我们在本书一开始就指出，我们也始终注意到，只有机械地完成的事情才是根本可笑的。不论是在缺点还是品质当中，人物不知不觉地做的事情——不由自主的姿态、无意间流露出来的话，都是滑稽的。一切"心不在焉"都是滑稽的。"心不在焉"的程度越深，喜剧的格调也就越高。像堂吉诃德那样已成体系的"心不在焉"，是所能设想的最滑稽的事物了，它是在紧挨着滑稽的源泉的地方汲取出来的。再看任何一个别的滑稽人物。不管他在一言一行中是多么有意识，他之所以滑稽，是因为在他身上有他自己所不认识的一面，有他自己所忽略的一面。只是因为有这一面，所以他才可笑。高度滑稽的话语是赤裸裸地显示某一缺点的天真的话语。如果这个缺点能够看到它自己，能够认识自己是个缺点，它怎么还能这样暴露自己呢？时常有这样的情形，一个滑稽人物刚用泛泛的词句指责某种行为，自己马上就身体力行起来。《贵人迷》里汝尔丹的哲学教师就是这样一个例子。他刚刚就不要发怒做了一番说教，自己就大发脾气。又如《女学者》里的法狄屋斯刚嘲笑了读诗的人们，自己就从兜里掏出几首诗来。表现这些矛盾的行为的目的何在呢？还不是为了让我们亲眼目睹人物的无意识性！对自己的漫不经心，和从此产生的对别人的漫不经心，这是我们随时可以看到的。如果我们仔细观察一下事物，就可以看到，这里的"漫不经心"正好就是我们前面所说的"不合社会"。僵硬的真正原因就是不看周围，特别是不看看自己。如果一个人既不认识别人，又不认识自己，怎么能按照别人的样子来塑造自己呢？僵硬、机械、心不在焉、不合社会，这四者都是相互沟通的，并且都是造成性格的滑稽的原料。

总之，如果在人身上把引起我们敏感，激起我们情感的东西排除在外，那么，其余部分就可以变得滑稽，而滑稽的程度和在这里表现出来的僵硬的程度成正比。我们在本书开始就提出这种思想。我们也通过这种思想的各种主要后果证实了这种思想，也已把这种思想应用到喜剧的定义上去。现在我们要更紧地抓住这个思想不放，来说明它怎样使我们有可能标定喜剧在其他一切艺术中的正确地位。

在某种意义上，我们可以说，一切性格都是滑稽的，如果我们把性格理解为人身上预先制成的东西，理解为如果人的身子一旦上了发条，就能自动地运转起来的机械的东西的话。

这也就是我们不断地自我重复的东西，从而也就是我们身上那些别人可以复制的东西。滑稽的人物是一种类型。反过来说，与某一类型相似之处就含有滑稽的成分。我们可以跟一个人长期交往而在他身上没有发现什么可笑之处，然而如果我们偶然在他身上找到与某个剧本或者某部小说中的主人公相似的地方，就用这个众所周知的主人公的名字来称呼他，那么这个人在我们心目中就有点可笑了。尽管小说中的那个人物可能并不滑稽，然而跟他相似就滑稽。一个人让别人把他身上的那个"他"抽掉了，那就滑稽。一个人钻进了一个现成的框子，那就滑稽。而最滑稽的莫过于使自己成为别人很容易钻进去的框子，莫过于使自己僵化为某一类型的性格。

高级喜剧的目的在于刻画性格，也就是刻画一般的类型。这，我们已经说过许多次了，然而我们还是不惮重复，因为我们认为这个公式足以作为喜剧的定义。事实上，喜剧不仅给我们提供一些一般的类型，而且它是各门艺术当中唯一以"一般性"为目标的艺术。在我们给喜剧规定这个目标的时候，事实上我们就说出了喜剧的特点，说出了其他艺术不能做到的事情。为了证明这是喜剧的精髓，为了证明它正是由此而与悲剧、正剧以及其他一切艺术形式截然不同，那就应该首先确定什么是最高的艺术，然后逐渐等而下之以至于喜剧。这时候我们便将看到，喜剧处在艺术与生活的边缘，而且由于它的一般性，它与其他艺术截然不同。我们现在不能从事一项如此广泛的研究。然而我们必须把它的轮廓描绘出来，否则就可能忽略了喜剧的要点。

艺术的目的是什么？如果现实能直接震撼我们的感官和意识，如果我们能直接与事物以及我们自己相沟通，我想艺术就没有什么用处，或者说，我们会全都成了艺术家，因为这时候我们的心灵将是一直不断地和自然共鸣了。我们的双眼就会在记忆的帮助之下，把大自然中一些无与伦比的画面，从空间方面把它们裁截出来，在时间方面把它们固定下来。我们的视线就会随时发现在人的身体这样有血有肉的大理石上雕刻着的和古代雕像一样美的雕像断片。我们就会听到在我们心灵深处发出的我们的内在生命的永不中断的旋律，就像听到一种有时欢快，更多的时候则是哀怨，但总是别具一格的音乐一样。所有这一切就在我们周围，所有这一切就在我们心中，然而所有这一切又并不能被我们清楚地看到或者听到。在大自然和我们之间，不，在我们和我们的意识之间，垂着一层帷幕，一层对常人说来是厚的而对艺术家和诗人说来是薄得几乎透明的帷幕。是哪位仙女织的这层帷幕？是出于恶意还是出于好意？人必须生活，而生活要求我们根据我们的需要来把握外物。生活就是行动。生活就是仅仅接受事物对人有用的印象，以便采取相应的行动，而其他一切印象就必然变得暗淡，或者模糊不清。我看，并且自以为看到了；我听，并且自以为听见了；我研究我自己，并且自以为了解我的内心。然而我在外界所见所闻都不过是我的感官选择来指导我的行为的东西。我对我自己的认识只是浮在表面的东西，在行动中表现出来的东西。因此，我的感官和意识显示给我的现实只不过是实用的简化了的现实。在感官和意识为我提供的关于事物和我自己的景象中，对人无用的差异被抹杀了，对人有用的类同之处被强调了，我的行为应该遵循的道路预先就被指出来了。这些道路就是全人类在我之前走过的道路。事物都是按照我可能从中得到的好处分好类了。我所看到的就是这样一个分类，它比我所看到的事物的颜色和形状要清楚得多。就这一点来说，人无疑已经比动物高明得多了。狼的眼睛是不大可能会区别小山羊和小绵羊的，在它眼里，二者都是同样的猎获物，因为它们都是同样容易捕获，同样好吃。我们呢，我们能区别山羊和绵羊，然而我们能把这只山羊和那只山羊，这只绵羊和那只绵羊区别开吗？当事物和生物的个性对于我们没有物质上的利益的时候，我们是不去注意的。即使我们注意到的时候（例如我们区别这一个人和那一个人），我们的眼睛所看到的也不是个性本身，即形式与色彩的某种独特的和谐，而只是有助于我们的实用性的认识的一两个特征罢了。

总之，我们看不见事物的本身；我们最多只是看一看贴在事物上面的标签。这种从需要产生的倾向，在语言的影响下就更加增强了。因为词（除了专有名词以外）指的都是事物的类。词只记下事物的最一般的功能和最无关紧要的方面，它插在事物与我们之间，使我们看不到事物的形态——如果这个形态还没有被创造这个词的需要早就掩盖起来的话。不但外界的事物是如此，就连我们自己的精神状态当中内在的、个人的，只有我们自己亲身体会过的东西，也都不为我们所察觉。在我们感到爱或者憎的时候，在我们觉得快乐或者忧愁的时候，达到我们意识之中的，真的就是我们自己的情感，以及使我们的情感成为真正是我们所有的东西的万千难以捉摸的细微色彩和万千深沉的共鸣吗？如果真能办到的话，那我们就都是小说家，都是诗人，都是音乐家了。然而我们所看到的我们的精神状态，往往不过是它的外在表现罢了。我们所抓住的我们的情感不过是它的人人相通的一面，也就是言语能以一劳永逸表达的一面罢了，因为这一面是所有的人在同样的条件下差不多都能同样产生的。这样说来，即使是我们自己的个性也是为我们所不认识的。我们是在一些一般概念和象征符号之间转来转去，就像是在我们的力量和其他各种力量进行富有成效的较量的比武场里一样。我们被行动所迷惑、所吸引，为了我们的最大的利益，在我们的行动选好了的场地生活着，这是一个在事物与我们自己之间的中间地带，既在事物之外，又在我们自己之外的地带。但是，大自然也偶尔由于一时疏忽，产生了一些比较超脱于生活的心灵。我这里所说的这种超脱并不是有意识的、理性的、系统的，并不是思考和哲学的产物。我说的是一种自然的超脱，是感官或者意识的结构中天生的东西，并且立即就以可说是纯真的方式，通过视觉、听觉或思想表现出来的东西。如果这种超脱是彻底的超脱，如果我们的心灵不再通过任何感官来参与行动，那就将成为世上还从来不曾见过的艺术家的心灵。有这样的心灵的人将在一切艺术中都出类拔萃，也可以说他将把一切艺术都融而为一。一切事物的纯粹的本相，无论是物质世界的形式、色彩和声音也好，还是人的内心生活当中最细微的活动也好，他都能感知。然而这是对自然太苛求了。即使就我们中间已经被自然培养成为艺术家的人们来说，自然也只是偶然为他们揭开了那层帷幕的一角。自然也只是在某一个方向才忘了把我们的知觉和需要联系起来。而由于每一个方向相应于我们所谓的一种感觉，所以艺术家的艺术禀赋也仅仅限于他的一种感觉。这就是艺术的多样性的根源。这也就是人的素质的专门化的根源。有人热爱色彩和形式，同时由于他为色彩而爱色彩，为形式而爱形式，也由于他为色彩和形式而不是为他自己才看到色彩和形式，所以他通过事物的色彩和形式所看到的乃是事物的内在生命。他然后逐渐使事物的内在生命进入我们原来是混乱的知觉之中。至少在片刻之间，他把我们从横隔在我们的眼睛与现实之间的关于色彩和形式的偏见中解除出来。这样他就实现了艺术的最高目的，那就是把自然显示给我们。另外一些人喜欢到自己的内心中去探索。在那些把某一情感形之于外的万千萌发的行动底下，在那表达个人精神状态并给这种精神状态以外壳的平凡的社会性的言语背后，他们探索的是那个纯粹朴素的情感，是那个纯粹朴素的精神状态。为了诱导我们也在我们自己身上试做同样的努力，他们想尽办法来使我们看到一些他们所看到的东西：通过对词的有节奏的安排（词就这样组织在一起，取得了新的生命），他们把语言在创造时并未打算表达的东西告诉我们，或者毋宁说是暗示给我们。还有一些人则更深入一步。在严格说来可以用言语表达的那些喜怒哀乐之情中间，他们捕捉到与言语毫无共同之处的某种东西。这就是比人的最有深度的情感还要深入一层的生命与呼吸的某些节奏。这些节奏之所以比那些情感还要深入一层，那是因为它们就是一种因人而异的关于沮丧和振奋、遗憾和希望的活的规律。这些艺术家在提炼并渲染这种音乐的时候，目的就在于迫使我们注意这种音乐，使我们跟不由自主地加入跳舞行列的行人一样，不由自主地卷入这种音乐之中。这样，他们就拨动了我们胸中早就在等待弹拨的心弦。这样，无论是绘画、雕刻、诗歌还是音乐，艺术唯一的目的就是除去那些实际也是功利性的象征符号，除去那些为社会约定俗成的一般概念，总之是除去掩盖现实的一切东西，使我们面对现实本身。由于对这一点的误解，产生了艺术中的现实主义和理想主义之间的论争。艺术当然只是现实的比较直接的形象。但是知觉的这种纯粹性蕴含着与功利的成规的决裂，蕴含着感觉或者意识的先天的，特别是局部的不计功利，总之是蕴含着生活的某种非物质性，也就是所谓理想主义。所以我们可以说，当心灵中有理想主义时，作品中才有现实主义，也可以说只是由于理想的存在，我们才能和现实恢复接触。我们这样说，绝不是什么玩弄词义的把戏。

戏剧艺术也不例外于这条规律。正剧所探索并揭露的，正是那时常为了我们的利益，也是为了生活的必要而隐藏在帷幕后面的深刻的现实。这是怎样的现实？它又有什么必要隐藏起来？任何诗歌都是表现精神状态的。然而在这些精神状态中间，有些是在人和他的同类接触中产生的。这些是最有力，也是最强烈的情感。就跟在电瓶的两块极板间互相吸引积聚，终于发出火光的正负电一样，人与人一接触，就产生强烈的相吸和相斥，产生平衡的彻底破裂，产生心灵的起电作用——这就是激情。如果人们听凭感官活动的支配，如果既没有社会准则，也没有道德准则，那么，强烈的感情迸发就将成为生活的常规。然而防止这样的迸发是有好处的。人必须生活在社会之中，因此必须受规则的束缚。利益诱导我们做的事情，理智则予以节制：这里存在着义务的问题，而服从义务就成了我们的责任。在这双重影响下，人类的思想感情就产生了一个表层，属于这个表层的思想感情趋于一成不变，至少是要求所有的人都一致，而在它们没有力量扑灭个人情欲之火的时候，至少把它掩盖起来。人类慢慢地向越来越和平的社会生活发展，这个表层就逐渐坚固，正如地球经过了长期努力，才用一层冷而且硬的地壳把内部那团沸腾着的金属包围起来一样。然而还是有火山爆发。假如地球真像神话所说的那样是个有生命的东西，那么，即使在它休息的时候，它也许还乐于去渴望那些突然的爆发，因为在爆发之中，它突然又抓到它身上最本质的东西。正剧提供给我们的正是这样一种乐趣。在社会和理智为我们安排的平静的市民生活中，正剧在我们身上激起了某种东西，这东西虽幸而不至于爆发，却使我们感到它内部的紧张。正剧给自然提供了向社会进行报复的机会。它有时候单刀直入，把人们心底要炸毁一切的情欲召唤出来。它有时候侧面进攻（像许多当代剧那样），以有时不免流于诡辩的手法，把社会本身的矛盾揭示出来。它夸大社会准则中人为的东西；也就是用间接的方式把社会的表层溶解掉，使我们能触及它的深处。在这两种情况下，正剧或则削弱社会，或则加强自然，但都是追求同一个目标，即揭示我们身上为我们所看不见的那一部分——我们可以称之为我们人格中的悲剧成分。我们看完一出好的正剧，都有这种印象。戏使我们感兴趣的，与其说是里面谈到的别人的事情，不如说是它使我们依稀看到的我们自己的事情，不如说是那一大堆可能在我们身上出现幸而又没有发生的事情。戏好像又唤起我们一些无限久远的隔世遗传的回忆。这些回忆埋藏得这么深，跟现实生活又是这么格格不入，以至在一段时间内，我们反倒觉得现实生活是一种不真实的，只是大家约定俗成的东西，需要我们从头学起的东西。因此，正剧要在既得的功利的成就底下去寻求更加深刻的现实，它和其他艺术的目的是一致的。

这就可以看出，艺术总是以个人的东西为对象的。画家在画布上画出来的是他在某日某刻在某一地点所看到的景色，带着别人以后再也看不到的色彩。诗人歌唱的是他自己而不是别人的某一精神状态，而且这个精神状态以后再也不会重现。戏剧家搬到我们眼前来的是某一个人的心灵的活动，是情感和事件的一个有生命的组合，总之，是出现一次就永不重演的某种东西。我们无法给这些情感加上一般的名称；在别人心里，这些情感就不再是同样的东西。这些情感是个别化了的情感。正是由于这个缘故，这些情感才是属于艺术的情感，而一般事物、符号，甚至于类型，都是我们日常感觉中的家常便饭。那么，为什么还有人对这一点产生误会呢？

原因在于人们把事物的共同性与我们对事物所做判断的共同性这两个截然不同的东西混同起来了。我们可以共同承认某一情感是真实的，可是并不等于说这是一个共同的情感。哈姆雷特这个人物是再独特不过的了。如果说他在某些方面和别人相似，但使我们感兴趣的并不是这些相似之处。相反，哈姆雷特这个人物却是被普遍接受，被普遍认为是活生生的人物。只有在这个意义上，他才具有普遍的真实性。其他的艺术产品也是这样。它们当中每一件产品都是独一无二的，然而当它带有天才的印记的时候，就能为所有的人接受。为什么被人接受？既然独一无二，又凭什么说它真实？我想，我们所以承认它真实，乃是因为它促使我们也真诚地去看一看。真诚是有感染性的。艺术家看到了的，我们当然不能再看到，至少是不能完全同样地看到。但是如果艺术家当真看到了，那么他为揭开帷幕所做的努力必然迫使我们也去做一番努力，去把帷幕揭开。他的作品便是一个榜样，对我们是一个教训。而作品的真实程度正是以这个教训的效果大小来衡量的。真理本身就带有说服别人，甚至是改造别人的力量——这是辨认真理的标记。作品越伟大，所显示的真理越深刻，作品的这种效果便将越可靠，也越带有普遍性质。因此，普遍性在这里存在于所生效果之中，而不存在于原因之中。

喜剧的目的就完全不同了。在喜剧中，共同性就在作品本身之中。喜剧刻画的是我们遇见过，在前进道路上还将遇到的一些人物。喜剧记下的是相似的东西。它的目的在于把一些人物类型显示在我们眼前。在需要时，喜剧还创造一些新的人物类型。它和其他艺术的区别就在这里。

一些著名喜剧的标题就说明了这一点。"恨世者""吝啬鬼""赌徒""马虎人"[1]等等都是一些总称名词。即使性格喜剧用专有名词做标题，这个专有名词也很快就由于它的内容的重量而卷入普通名词的洪流。我们说"一个达尔杜弗"，可是我们不说"一个费得尔"或者"一个波利厄克特"。[2]

特别值得注意的是，悲剧诗人很少会想到在他的主角周围聚上一群可以说是主角的简化版的配角。悲剧的主人公代表他那一类的独一无二的个体。你尽可以模仿他，然而这时候你就有意无意地从悲剧转为喜剧了。谁也不像某一悲剧的主人公，因为这个主人公跟谁也不相像。反之，当喜剧诗人已经把某一中心人物在脑子里酝酿成熟的时候，他会出于本能地在这中心人物周围配上一些具有同样特色的人物。许多喜剧的标题用的是复数名词或者集体名词，例如《女学者》《可笑的女才子》

---

1 前两个是莫里哀的同名喜剧里的主人公，后两个是较后于莫里哀的法国喜剧家列雅尔（Regnard）的同名喜剧里的主人公。

2 费得尔是拉辛同名悲剧的女主人公。波利厄克特是高乃依同名悲剧的主人公。

《令人生厌的社会》[1]等等。在这些剧本中，代表同一基本类型的许多不同人物同时出现在舞台之上。把喜剧的这种倾向分析一下，该是饶有兴趣的事情。在分析过程中，我们也许首先就会看到和医生们指出的一个事实有点儿相像的东西。医生们指出，某一类型的精神错乱症患者时常由于一种神秘的吸引力而爱接近同一类型的患者。下面所说的不一定真正是医学上的问题，不过我们已经说过，喜剧人物通常是一个心不在焉的人，而心不在焉是可以不知不觉地发展成为精神错乱的。然而还有一个原因。如果说喜剧诗人的目的是表现一些类型，也就是一些可以复制的性格，那么，他除了把同一类型制出几种不同的副本以外，还有什么更好的办法达到他的目的呢？博物学家处理同一类属的生物，用的也是这样的办法。他把这一类属的生物一一列举，然后对它的主要品种进行描述。

悲剧致力于刻画个人而喜剧致力于刻画类型这样一个根本差别还通过另外一种形式表现出来。这一差别在着手编剧的时候就已经显示出来了。它从编剧一开始就表现为两种完全不同的观察方法。

我们并不认为悲剧诗人有观察别人的必要——尽管这种说法可能显得有点似是而非。首先，我们发现有些伟大的诗人过

1　前两个是莫里哀的喜剧。后者是19世纪法国剧作家巴依隆（Pailleron）的作品。

着与世隔绝，而不是十足市民式的生活，没有机会看见他们所忠实描写的情欲在周围横流的情形。即令他们看见这种情形，我们也怀疑它是否会对他们产生很大的作用。我们对诗人的作品感兴趣的是它让我们看到某些极其深刻的精神状态，让我们看到某些纯粹是内心的冲突。然而这些又不能从外部看到。你的心又不能穿透别人的心。我们从外部只能看到激情的某种记号。我们只能用我们曾经亲自感受过的类似的激情来解释这些记号——而且是不完善的解释。因此，我们自己的感受是主要的，而我们能彻底认识的只是我们自己的心——假如我们真能认识到的话。那是不是说诗人描写的东西他都曾亲身感受过，他的人物的处境他都亲身经历过，他们的内心生活都曾亲身体验过呢？诗人们的传记给了我们一个否定的回答。怎么能够假设同一个人曾经先后做过麦克白、奥瑟罗、哈姆雷特、李尔王和其余那么多人呢？不过这里也许需要区别一下一个人实际具有的人格，和一个人可能具有的多种人格。我们的性格是一种不断更新的选择的产物。在我们经历的道路上，有许多交叉点（至少是表面上的交叉点），在那里，虽然我们只能选择一个方向，但是我们却看到许多可能的方向。诗人的想象看来正是在于转过身来，把原来只是大致看一看的各个方向从头到尾走上一遍。莎士比亚当然既不曾是麦克白，也不曾是哈姆雷特和奥瑟罗，然而如果情况许可，再加上他自己的主观意愿，从而使在他心中萌发的东西导致猛烈爆发的状态，那么莎士比亚也可能曾是这些人物。如果认为诗人的想象就是以信手拈来的残片，像缝缀阿尔勒干[1]的百衲衣那样来创造他的主人公，那就是对诗人的想象的作用的极大的误解了。那样的补缀是产生不出什么有生命的东西来的。生活是不能让人重新创造出来的。它只能予以再现。诗人的想象只能是现实的比较完整的形象而已。如果说诗人创造的人物给我们以活着的印象，那是因为这些人物就是诗人本人，就是分成几个身子的诗人，就是那深入进行内心观察的诗人——他进行内心观察时付出的努力是如此巨大，以至能捉住潜在于现实之中的东西，并能把自然留在他心中的处于素描或轮廓状态的东西重新捡起，把它补足成完整的作品。

产生喜剧的观察方法则截然不同。这是一种从外部进行的观察。无论喜剧诗人对人性的可笑之处多么感兴趣，我想他是不至于去探索他自己身上的可笑之处的。而且即使他去探索，也是不会发现的，因为只有在我们身上的某一方面逃脱我们的意识的控制的时候，我们才会变得可笑。因此这种观察是以别人为对象的。也正由于这个道理，这种观察获得一种在以自身为对象时所不能具有的一般性。这是因为这种观察仅及表面，只能及于由人们的共同思想感情所构成的表层，不能再深入一步。即使它能再深入一步，它也不愿这样做，因为这对它没有什么好处。过分深入人格，将外部效果和过分深植的内因结合

1　阿尔勒干（Arlequin）原为意大利喜剧中的滑稽人物，自17世纪后传入欧洲各国戏剧中。他身着杂色布片缝制起来的百衲衣，戴黑色面具。

起来，就将损害外部效果的可笑之处，最后将使可笑之处荡然无存。为了使我们想笑，我们应该把引我们发笑的原因安排在心灵中既非表层又非深处的中间地区。因此，应该使我们觉得这个效果至多是个平均数，表现人类的一个平均性质。跟所有平均数一样，这个人类的平均性质也是通过收集分散的数据得来的，通过将多种类似情况加以比较，从中找出它们的本质得来的，一句话，就是通过物理学家处理多种事实，从中得出规律的那种抽象概括的工作得来的。总而言之，就观察从外部进行，结果有概括性质这两点来看，喜剧的方法与目的和归纳性科学的方法与目的具有同样的性质。

我们已经绕了一个大弯，现在又回到了在研究过程中已经得出的双重结论。一方面，一个人除非有类似于心不在焉的气质，除非有像寄生虫一样活在他身上又不和他构成一体的东西（这也说明这种气质为什么可以从外部进行观察，为什么可以纠正），绝不会成为可笑。另一方面，既然笑的目的就是纠正，那么自然希望能同时纠正尽量多的人。所以喜剧所用的观察是本能地以一般的东西为对象的。它在众多特性中选择那些能重复产生，从而也是并非与人的个性不可分地结合在一起的特性——可以说是一些共同的特性。在把这些共同的特性搬上舞台时，喜剧创造一些显然属于艺术范畴的作品，因为这些作品有意识地以取悦于人为目的。然而这些作品又与其他艺术作品不同，因为它们具有一般性，并且还有纠正人、教育人这个潜在的意图。我们完全有权利说喜剧是介乎艺术与生活之间的中间物。它不像纯粹艺术那样毫无功利观念。在组织笑的时候，喜剧把社会生活当作笑的自然环境，甚至于依从社会生活的某种冲动。在这一点上，喜剧又同艺术背道而驰，因为艺术是与社会的决裂，艺术要回到纯朴的自然。

二

现在让我们根据以上所述，来看一看应该怎样着手创造一个理想的滑稽的性格倾向——一种本身滑稽，来源滑稽，一切表现都滑稽的性格倾向。这种性格倾向必须深刻，以便能为喜剧提供持久的养料；而又必须表面化，方能合乎喜剧的笔调。它必须不被具有这种倾向的人看见，因为滑稽是无意识的东西；却又必须能被所有其余的人看见，以便引起普遍的笑声。这种性格倾向必须对己宽容，方能毫无顾忌地暴露出来；又必须令人不安，方能使人加以无情的抑制。它必须能即时纠正，否则笑它便无用处；又必须能在新面貌下复生，使笑总有事情可做。这种性格倾向虽为社会所不容，却又与社会生活不可分离。最后，为了能取得尽可能多的表现形式，它必须能和种种恶癖甚至某些品德结合起来。要融合在一起的元素真是不少。承担这种配制工作的灵魂化学家，在他把曲颈瓶里的东西倒出来的时候，可能会感到大失所望。他会发现，他费了那么多事配制出来的化合物，原来就像自然界中的空气一样，散布在人类之间，取之不尽，用之不竭。

这个化合物就是虚荣心。我想再也没有比虚荣心更浮浅又更深植的缺点了。人们给虚荣心造成的创伤从来算不得很严重，然而创伤却不愿给医好。人们给虚荣心效的劳都是口惠而实不至的，然而却博得永恒的感激。虚荣心很难说是一种恶行，然而一切恶行都围绕虚荣心而生，都不过是满足虚荣心的手段。虚荣心是以想象中别人对他的欣赏为基础的自我欣赏，所以它是社会生活的产物，从而是比自私更自然、更普遍的先天的缺点，因为自私时常可以被自然战胜，而我们必须用反省才能克服虚荣心。我并不认为我们是生而谦逊的，除非你把某些纯属生理的腼腆称之为谦逊，而这种腼腆却出乎我们想象之外地与骄傲接近。真正的谦逊只能是对虚荣心进行了深思以后的产物。看到别人的虚荣心有如镜花水月，自己害怕蹈人覆辙，真正的谦逊才能产生。谦逊好像是对人言可畏的一种合乎科学的戒心，它是纠正与弥补的产物，总之，是一种后天的德行。

对谦逊的关心究竟在哪一个具体的时刻从对成为笑柄的担心中分离出来，这就很难说了。反正这种关心和这种担心肯定是同出一源的。如果对虚荣心的幻想以及对与之相关的可笑进行一番彻底的研究，笑的理论可能就将别具一种面目。在这项研究中，我们将能看到笑经常在完成它的一项主要任务，这就是提醒那心不在焉的自尊心，要它充分意识到自己，进行自觉的活动，以便使人的性格取得最大可能的合群性。我们也将看到虚荣心这个社会生活的天然产物，却阻碍着社会的发展，就像我们身体中不断分泌出来的某些轻微毒素一样，如果没有其他分泌物来中和它们的毒性，久而久之，就会使我们的身体中毒。笑经常在起这种中和作用。在这个意义上，我们可以说笑是医治虚荣心的特效药，可以说虚荣心是一种本质上可笑的缺点。

在我们研究形式与动作的滑稽的时候，我们已经指出某一本身可笑的简单形象是怎样渗入其他较为复杂的形象之中，怎样把它的滑稽素注入那些形象中去的。这样，最高级形式的滑稽有时候就可以用最低级形式的滑稽来解释。然而用最高级形式的滑稽来解释最低级形式的滑稽的时候也许更多，同时有些粗俗的滑稽效果本来就是由一种很精细的滑稽降级而生的。因此，虚荣心这个滑稽的高级形式，就是我们在人类活动的一切表现中，虽说是无意识地，却也是细致地搜索过的一种元素。我们经常在搜索这种元素，哪怕只是为了笑它。即使在虚荣心毫无用处的地方，我们的想象力也时常觉得那里有虚荣心存在。有些现象产生了十分粗浅的滑稽效果，心理学家以对比来解释这些效果，显然并不充分。也许必须把这些滑稽效果追溯到上面所说的那个根源才行。现在来举几个例子：矮子进高门还要低头；矮得出奇的人跟高个子臂挽着臂，神气活现地走路，等等。在最后这个形象当中，我想，你可以看出那个矮子好像是竭力要把自己抻得跟高个子一般高，就跟拉·封丹寓言中的那只鼓起肚子想跟黄牛比比大小的青蛙一样。

三

　　这里不可能把引起喜剧诗人注意的那些与虚荣心相结合，或与虚荣心相对立的性格特点一一列举。我们已经指出，一切缺点都可能成为可笑；严格说来，某些品质也不例外。即使将已知的滑稽事物列成一张表，喜剧也会使这张表越来越长，当然不是用创造一些纯粹属于幻想的滑稽事物的办法，而是用发现向来没有注意到的滑稽方向的办法。这样，想象力就可以在同一地毯的复杂图案中找出许多新鲜的图形。我们知道，根本的条件是那新发现的特点必须是一眼看去就像是一个许多人都可以套进去的框子。

　　社会本身就已经创造了许多现成的框子；由于社会建立在分工的基础上，这些框子也是必不可少的。我指的是各种行业、职务和职业。任何职业都使从事于这一职业的人产生某些心理习惯和性格特点，他们因此相似，也因此有别于这种职业以外的人。就这样，大社会中出现了许多小社会。当然，这些小社会是整个大社会的组织本身的产物，然而它们如果过分互相隔绝，就有损害社会性的顾虑。而笑的功能正在于抑制这种分离的倾向，它的作用在于变僵硬为灵活，使个人适应整体，总之，是把棱角磨平。因此，我们现在可以得到一类滑稽，甚至于还可以预先确定它的各种变体。我们可以把这一类滑稽称之为职业性的滑稽。

我们不想详细研究各种职业性的滑稽，只想谈一谈它们共同的地方。首先就是职业性的虚荣心。汝尔丹的几位教师都把自己那一行置于其他各行之上[1]。拉毕史的作品里有一个人物，他不能设想人除了当木材商以外，还能当别的什么。他自己当然是木材商了。如果所操的职业当中包含的江湖味越足，那么，职业的虚荣心简直要变成一种尊严了。值得注意的是，某门技艺的存在越是站不住脚，从事这门技艺的人就越是自以为被赋有教士的职权，要求别人对他那门技艺的神秘顶礼膜拜。有用的职业显然是为公众创造的，而那些功用可疑的职业只能以因为有这些职业才有公众这样的假设来为自己的存在辩护——那种所谓尊严，骨子里也就是这样一种幻觉。莫里哀创造的那些医生的滑稽，大多由此而来。他们认为有了医生才有病人，也把自然本身看成是医学的附属品。

这种滑稽的僵硬的另一表现形式就是职业性的无情。滑稽人物套在他的职务的僵硬框子里套得这么紧，弄得他自己也没有活动的余地，特别是感情没有受激动的余地。我们只消想一想法官贝栾·当丹对伊萨贝尔说的那句话就行了。伊萨贝尔问他怎么能忍心目睹可怜的人们受苦刑，他答道：

1　参看莫里哀：《贵人迷》第二幕第三场。

"没有什么！这总能帮我消磨一两个小时。"[1]

奥尔贡所说的下面这句话，不也正是表现了达尔杜弗的职业性的无情吗：

"我可以看着兄弟、儿女、母亲和太太死掉，也全不在乎。"[2]

然而把某一职业滑稽化的最常用的办法可说是用它特有的行话把它圈起来。我们让法官、医生、士兵把法律、医学、军事的术语用到日常生活中去，就好像他们变得不能跟常人一样说话似的。这种滑稽通常是相当肤浅的，然而如果在它显示职业习惯的同时，还显示一个人的性格特点，这种滑稽就变得精细了。列雅尔创造的那个赌徒在运用赌博术语时真是富有高度的创造性。他给他的仆人取了海克托这个名字，把他的未婚妻叫作巴拉斯——从黑桃皇后而来。还有莫里哀的《女学者》。在这出戏里，滑稽主要在于她们把科学范围的概念换成妇女情感的语汇，例如"伊壁鸠鲁真可爱""我爱他的旋涡学说"等等。只要再读一读第三幕，你就可以看到阿尔芒德、费娜曼特和白莉丝就经常用这种文体说话。

我们再循着这个方向前进，就会发现还有一种职业性的逻辑，也就是在某一环境中学来的某些推理方式，这些方式在这一环境中是正确的，而在其他地方就错了。从特定逻辑与普

1　引自拉辛：《健讼者》第三幕第四场。

2　引自莫里哀：《伪君子》第一幕第五场。

遍逻辑二者的对立中产生的滑稽效果具有特殊的性质，其中有些是值得比较详细地谈谈的。这里我们接触到了笑的理论中的一个要点。我们就来把这一问题扩展一下，做一番极其概括的研究。

四

我们虽然一心想把滑稽的深刻的原因找出来，然而直到现在为止，不得不把滑稽的最值得注意的表现之一略而不谈。现在我们要谈谈滑稽人物和滑稽人群特有的逻辑了。在某些情况下，这种奇特的逻辑是很可能产生荒谬的。

戈缔叶[1]曾经说，极端的滑稽就是荒谬的逻辑。好些研究笑这个问题的哲学家也有类似的见解。他们认为任何滑稽效果都包含某一方面的矛盾，使我们发笑的就是那在某一具体形式下实现了的荒谬，也就是一个"可以看得见的荒谬"——或者说是我们一时接受，马上就予以纠正的那种显露出来的荒谬——或者说是某一方面荒谬而又可以从另一方面很自然地加以解释的东西，等等。所有这些理论当然都包含部分的真理，

---

1 戈缔叶（Théophile Gautier），19世纪法国浪漫主义诗人。

然而首先只能适用于某些相当粗浅的滑稽效果，而且即使在能适用的情况当中，这些理论似乎也忽略了可笑事物的根本要素，就是在滑稽果然含有荒谬成分的时候，那荒谬所具有的特殊类型。你如果不信，只要在上述许多定义当中选出一条，按照它的公式来创造滑稽效果，十之八九，你获得的效果并不可笑。这样看来，在滑稽中看到的荒谬，并不是普通的荒谬，而是一种特定的荒谬。这种荒谬不能创造滑稽，倒不如说它是从滑稽当中派生出来的东西。它不是因，而是果，是一种非常特殊的果；在这果里，反映着产生这个果的因的特殊性质。而这个因，我们是知道的，因此我们现在也就不难理解这个果了。

假设你有一天到郊外散步，远远看见一个山顶上有一样东西，有一点像是一个庞大无比的身体挥动着巨臂。你还不知道那是什么东西，然而你从你已有的概念，也就是从你脑子里存着的众多记忆当中，找一个最适合于你眼前这个东西的记忆。风车这个形象几乎立即浮上你的心头，原来你眼前是一座风车。哪怕你出去以前刚读过关于长臂巨人的神话故事，也没有什么关系。常识这个东西不仅是回忆的能力，尤其是忘却的能力。常识就是头脑不断适应对象所做的努力；对象改变，概念随之改变。这是智能的一种灵活性，它随事物的变动而准确地变动。这也是我们对生活的注意的生动的连续。

现在堂吉诃德出征了。他在小说中读到过骑士在征途遇见巨人的故事。因此，他需要一个巨人。巨人这个概念就是一个早就盘踞在他心中的占有特殊地位的记忆，它在那里安心等待，一动也不动地窥测时机，以便脱颖而出，体现在一个物的身上。这个记忆切盼化为现实，因此一看到有什么物体，哪怕只和巨人的外形稍有相似，马上就认为它当真具有巨人的外形。我们看见的是风车，堂吉诃德看见的却是巨人。这是滑稽的，也是荒谬的。然而这是普通的荒谬吗？

这是常识的一种特殊的倒置。这种倒置执意要按照我们的概念来塑造事物，而不是按照事物来塑造我们的概念。这就是心里想什么眼睛里就看见什么，而不是看到什么才想到什么。常识要求我们让一切记忆都排好队，眼前的情景要哪个记忆，哪个记忆就出来，而且只是起解释这个情景的作用。在堂吉诃德身上却恰恰相反，有一些记忆在那里指挥其他记忆，甚至于支配人物本身，结果现实反而屈从想象，只能起为想象提供一个可依附的实体的作用。幻觉一旦形成，堂吉诃德就合乎逻辑地把它在一切后果中发展起来。他以梦游症患者的那种确实性和精确性来行动。这就是谬误的根源，这就是主宰荒谬的那种特殊逻辑。现在让我们来看看，这种逻辑是不是堂吉诃德一个人特有的逻辑呢？

我们已经指出，滑稽人物由于思想或者性格的固执，由于心不在焉，由于机械作用而犯错误。滑稽之中有着某种类型的僵硬，它使人笔直往前走，不听不闻。在莫里哀的戏里，有许多滑稽场面都可以归纳为这个简单的类型：执着于自己的想法的一个人物，不管你怎么阻止他，他总是回到原来的想法上去！从什么也不想听到什么也不想看，再到除了所想的东西以外什么都看不见，这是一个不知不觉的过程。固执的心不根据事物来调整思想，却要事物来屈从它的观念。所有的滑稽人物都走上了我们方才描述的那条幻觉的路，而堂吉诃德为我们提供了滑稽的荒谬的一般类型。

常识的这种倒置有没有一定的名称呢？在某些形式的精神错乱症中，我们当然可以看到这种倒置，有的是急性的，有的是慢性的。这种倒置在很多方面也和概念固着症相似。可是精神错乱和概念固着症都不能引我们发笑，因为这都是病。病激起我们的怜悯，而笑是和情感不相容的。如果说有什么可笑的精神错乱，那么这种精神错乱只能是可以和健康的精神状态相调和的，也可以说是正常的精神错乱了。确实也有一种在各方面都和精神错乱相似的正常的精神状态，在这种状态中，概念组合的方式和在精神错乱中一样，也有和概念固着症中那样奇特的逻辑。这种精神状态就是梦境。如果我们的分析是正确的话，可以得出下列定理：滑稽的荒谬与梦境的荒谬具有同样的性质。

智能在梦境中的活动正如以上所述。梦境中的精神迷恋着它自身，它从外界寻找一个借口来把自己的想象具体化。有些声音还模模糊糊地传进人的耳朵，有些色彩还在视野中流转，总之，感官并没有完全闭塞。然而做梦的人不求助于他的全部记忆来解释他的感觉，却把他的感觉来做他所偏爱的记忆所寄托的形体。由于做梦的人的精神状态不同，由于占据他的想象的概念不同，同样是风吹进烟囱的声音也许就成了猛兽的呼啸，也许就成了悠扬的歌声。梦境中幻觉的作用一般就是如此。

如果说滑稽的幻觉是一种梦境中的幻觉，滑稽的逻辑就是梦的逻辑，那么，我们就可以在可笑事物的逻辑中找到梦的逻辑的各种特点。在这里，我们将又一次证明我们已知的那个法则：已知某一可笑的形式，其他形式虽不包含同样滑稽的实质，但由于其与已知形式的相似而成为可笑。我们确实也不难看到，任何概念的游戏都可以使我们得到娱乐，只要它或多或少地使我们想到梦中的那些玩意儿。

让我们首先指出推理规则的某种废弛现象。我们所笑的推理就是我们知道它错误，但如果是在梦中听到又能信以为真的推理。这些推理伪装正确，恰恰足以蒙过入睡了的精神。如果你要说这种推理中有逻辑性，那也可以这么说，不过那种逻辑是不严密的，从而是足以麻醉我们的智能活动的逻辑。很多所谓机智就是这样一类的推理，就是腰斩了的推理，只有大前提和结论的推理。随着概念之间所表达的关系逐渐表面化，这种思想的游戏就向文字游戏转化，因为我们慢慢地不再去考虑所听到的词的意义，而只考虑它们的声音了。在某些十分滑稽的场面中，某个人物总是把别人俯耳悄悄告诉他的话的意思弄拧了说出来，这种场面不是跟梦境差不多吗？又如果别人正在谈话，你却昏昏然似已入睡，你有时候会觉得他们的话逐渐失去了意义，觉得他们的声音在你的脑子里走了样，随意凑合在一起，变成很奇怪的意思。这样，你就会对说话的人重演拉辛的

《健讼者》里小约翰和对他耳语的提词人之间的那场戏了[1]。

还有一种滑稽的着魔现象，它跟梦中的着魔很相像。我们大概都有过这种经验：在一连几个梦里，同样的形象反复出现，每次都具有一种可以讲得通的意义，然而除此之外，前后几个梦又没有任何其他共同之处。在戏剧和小说中，重复有时候采取一种特殊形式；某些重复效果具有梦中那样的共鸣。许多歌曲的叠句恐怕也是这么一回事。这些叠句在每一段歌曲结尾重复出现，老是那一句，然而每次又都具有不同的意义。

我们在梦中也常常看到一种特殊的音势增强的现象，这是随着梦的进行越来越加强的一种奇异的现象。理智做了第一个让步，结果引起了第二个让步，第二个让步又引起第三个更为重大的让步，如此反复进行，最后成了一团荒谬。趋向荒谬的这个进程，使做梦的人产生一种奇特的感觉，就像是一个醉汉一样，觉得自己舒舒服服地飘进一种境界，不管是逻辑也好，社会礼仪也好，什么都算不了一回事了。莫里哀的某几出喜剧就使人产生这样的感觉。例如《浦尔叟雅克先生》开始的时候差不多是合情合理的，后来却来了各式各样的怪诞的举动。又如在《贵人迷》里，随着剧情的发展，人物像是被卷进了疯狂的旋涡。最后一句台词："要是世上还能找出比他更疯的人来呀，那可真是天下奇闻啦！"告诉我们戏已经演完，让我们从跟着汝尔丹先生一起陷进去的越来越荒唐的梦中醒来。

1　见第三幕第三场。

然而有一种精神错乱却是梦所特有的。有一些特殊的矛盾，在做梦的人看来，是这样自然，而在醒着的人看来，却是违背理性，以至于无法使缺乏这种经验的人对这些矛盾获得明确完整的概念。在梦里时常出现这样奇怪的混同：分明是两个人，却合而为一了。通常这两个人当中有一个是做梦的人自己。他在梦中感觉到他自己的存在并不曾中止，却又觉得自己已经变成别人了。他是他自己，又不是他自己。他听见自己说话，他看见自己行动，然而他又觉得是别人借他的身体行动，是别人偷了他的声音说话。也可以说是他意识到自己跟平常一样说话和行动，只不过在他说到自己的时候，就好像是一个和他毫无共同之处的外人在说到他一样。总之，他已经离开了他自身。在某些喜剧场面中，不是可以看到这种奇怪的混同吗？我不说《昂非特里翁》[1]，在这出戏里，观众虽然受到这种混同的暗示，然而这出戏的滑稽效果主要来自我们前面所说的"相互干涉"。我要说的是一些越轨而滑稽的推理，其中出现的混同又真正臻于纯真的境界，然而必须做一番思考，才能把它找出来。试听马克·吐温回答来访记者的话吧："你有兄弟吗？——有啊，我们从前管他叫毕尔。毕尔真可怜啊！——那么他是死了？——这我们从来也没有搞清楚过。这件事儿真是不可思议。死者和我，我们是一对双胞胎。生下来第十五天，我们一起在一个大桶里洗澡。我们当中有一个淹死了，可一直

1　莫里哀的喜剧。

搞不清是哪一个。有人说是毕尔，有人说是我。——真怪，可是你的看法怎样呢？——你听我说，我要告诉你一个我从来也没有对任何人泄露过的秘密。我们兄弟两个当中，有一个有特别的记号：左手手背上有一颗大黑痣，那就是我。然而淹死的正是这个孩子……"假如我们仔细看一看，就可以看出，这段对话里的荒谬不是普通的荒谬。如果说话的人并不是他所谈的双胞胎之一，就不会有这种荒谬。这里的荒谬产生于马克·吐温既说他是这一对双胞胎之一，然而谈话的时候又仿佛是一个讲故事的第三者。我们在许多梦里也是这样搞的。

五

从最后这个观点来看，滑稽似乎是以和我们以前赋予它的形式稍有不同的形式出现的。直到现在为止，我们一直把滑稽主要看成是纠正行为的手段。如果我们把种种滑稽效果挨次排列起来，把其中的主要类型一一抽出来，就可以看出，那些中等效果的滑稽性是由于和那些主要类型相似而得自那些主要类型的。同时也可以看出，那些主要类型也无非是对社会的各式各样的无礼。社会用笑来回报这些无礼，而笑却是一种更大的无礼。因此，笑当中并没有什么很善意的东西，毋宁说是一种以怨报怨。

然而可笑的事物给我们的印象中首先震撼我们的还不是这个。我们对一个滑稽人物，在开始的时候是有着有形的同感的。这就是说，在一段很短的时间内，我们设身处于他的地位，跟他一样地做姿势、说话、行动，而如果他身上的可笑之处逗我们发笑，我们在想象之中也请他跟我们共乐，总之，我们最初是把他当作同伴看待的。因此，在笑的人身上，至少是有着一种纯朴亲切、心情愉快的外表。如果我们对这一点不加考虑，那就不对了。在笑当中特别是有一种缓和紧张的活动，有时还很显著。我们应该研究一下这种活动的原因。这种印象在上面这几个例子当中表现得再明显不过，我们也将在这几个例子当中得到解释。

　　当滑稽人物机械自动地照着他的观念行事的时候，结果他的思想、言语和行动也就好像是在梦中一般。而梦就是一种紧张的缓和。跟事物和人保持接触，只看到实际存在的东西，只想到站得住脚的事情，这就要求一种叫作智能的张力的不间断的努力。这种努力就是常识判断。这是一种劳动。然而，脱离事物而又依然看到事物的形象，脱离逻辑而又要把多种概念组合起来，这便是纯粹的游戏，或者换个名称，叫作怠惰。滑稽的荒谬最初给我们的印象就是这是一场概念的游戏。我们的第一个反应就是参加这场游戏，使我们从思想的劳累中得到休息。

　　关于可笑事物的其他形式，我们也可以这样说。在滑稽的深处，总存在着一种沿着阻力最小的斜坡滑下去的倾向。这阻力最小的斜坡时常就是习惯之坡。在习惯之坡上，人们不再设法去不断适应他也是其中一分子的社会。人们放松了他们对生活应有的注意。他们多少有些像一个心不在焉的人。这是智能方面的心不在焉，而且尤其是意志方面的心不在焉。这个心不在焉从而也就是怠惰。正如他们方才不顾逻辑一样，他们现在也置社会礼仪于不顾。最后，他们显得是把人生当作游戏。在这里，我们的第一个反应还是接受他们的邀请，也来偷偷懒。至少在片刻之间，我们也参加游戏，使我们从生活的疲劳中得到休息。

然而我们只是休息片刻。可能混进滑稽的印象中的同感只是一种转瞬即逝的同感。这种同感也是从心不在焉中产生出来的。就这样，一个严厉的父亲有时候也一时忘了自己的身份而想参与孩子布置的恶作剧，但是立即中断这种念头，去制止这种恶作剧。

笑首先是一种纠正手段。笑是用来羞辱人的，它必须给作为笑的对象的那个人一个痛苦的感觉。社会用笑来报复人们胆敢对它采取的放肆行为。如果笑带有同情和好心，它就不能达到目的。

也许有人会说，笑的动机至少可能是好的，人们惩罚一个人时常是由于爱他，也会说笑在制止某些缺点的外在表现的时候，也是为了我们的更大的利益，促使我们改正这些缺点，促使我们的心灵更趋完美。

关于这一点，可说的话很多。大体说来，笑当然起着一种有益的作用。我们的全部分析一直就是要说明这一点。然而并不因此就可以说笑总能击中要害，也不能说笑是从善意出发，甚至于还不能说笑是从公平无私出发的。

为了能击中要害，笑就必须是思考的产物。而笑却只不过是自然装在我们身上的一种机械装置所产生的效果，或者也可以说是长期的社会生活习惯装在我们身上的一种机械装置所产生的效果。笑不顾一切地一往无前，你要打它一拳，它就还你一脚，也没有闲工夫去看看它踢到了什么地方。笑对某些缺点的惩罚，几乎有点像是疾病对人的某些过度行为的惩罚一样，打击了无辜的人，饶过了有罪的人，谋求一般的效果，而不能分别考察每一个具体的情况。凡是不根据有意识的思考而按照例行途径办成的事情都是这种样子。把所有的结果平均一下来看，笑可能是公平的，但是就具体情况仔细来看，情形并非如此。

就这一意义来说，笑是不能绝对公平的。不妨再重复一遍，笑也是不能出于善意的。它的任务就是通过羞辱来威慑人们。如果自然没有为了这一点而在最优秀的人们身上留下丝毫恶意，至少是丝毫狡黠的话，笑是不会达到它的目的的。关于这一点，我们也许还是不必过分深究为妙。我们是不会从这种研究当中得到什么令人愉快的东西的。我们会看到，紧张的缓和或扩张只不过是笑的前奏，笑的人立即就想一想他自己的行为，多少有些扬扬得意，把别人看作是由他操纵的木偶。在这种自负之中，我们很快就会掺进一点利己主义，而在利己主义背后，随着笑的人进一步分析他的笑，越来越明显地出现了一种不那么自发产生而比较苦涩的东西，也就是一种悲观主义的萌芽。

在这里跟在别处一样，自然为了善而利用了恶。我们在整个研究过程中所关怀的也是善。我们觉得，随着社会日趋完善，它的成员的适应能力越来越强，社会内部也日益趋于平衡，这样大的一个团体所不可避免的表面的紊乱也将日益减少，而笑把这些波动突出地表现出来，从而卓有成效地完成自己的任务。

海面波涛汹涌，翻腾不已，底层却一片宁静。海浪互相激荡，互相冲击，努力求得平衡。一抹轻盈欢快的雪白的浪花，镶嵌在变幻不已的巨浪周围。有时候退回大海的波浪在沙滩上留下一层白沫。在海滨嬉游的孩子把这白沫掬起一把，过了一会儿，看到手心里留下的只是几滴水珠，比把它冲上海岸的波浪里的海水更苦更咸，不免要感到几分惊讶。笑的产生也和这泡沫一样。它表示在社会生活的外部存在着表面的骚乱。笑立即把这些动乱的形态描绘下来。笑也是一种带盐分的泡沫。跟泡沫一样，它也闪闪发光。它是欢乐。但是把它掬起来尝尝味道的哲学家，有时候却会从里面发现少量苦涩的物质。

附录

关于滑稽的各种定义
以及本书所用的研究方法

伊夫·德拉奇先生在《每月评论》[1]的一篇很有意思的文章里提出他自己的定义来反对我们的滑稽观。他说："为使某一事物成为滑稽，因果之间必须存在不和谐之处。"鉴于使德拉奇先生得出这一定义的方法就是大多数关于滑稽的理论家所遵循的方法，指出这一方法和我们的方法之间的区别，应该不无好处。因此，我们现在把我们在同一刊物[2]上发表的回答的

1　《每月评论》（*Revue du Mois*）1919年8月10日，第20卷，第337页起。（原注）

2　上刊1919年11月10日，第20卷，第154页起。（原注）

要点转录如下：

"人们可以用信手拈来的一些滑稽效果当中发现的一个或几个形之于外的普遍性质作为滑稽的定义。自亚里士多德以来，这一类的定义已经提出了很多。我觉得您的定义就是用这样的方法得来的：您先画一个框框，然后证明信手拈来的一些滑稽效果包括在这个框框之内。既然所谈的那些性质已经由一位锐敏的观察家记了下来，这些性质当然是滑稽事物的性质。然而我想，在并不滑稽的事物当中，时常也可以发现同样的性质。这样得来的定义想必失之过泛。它可以满足下定义时所需的逻辑要求之一（我承认这已经很有价值了），即定义必须指出某种必要的条件。然而从您所用的方法看来，我并不认为这个定义能提供充分的条件。何以见得呢？这样的定义，有很多种虽然所说的内容不同，却同样都可以接受，这就是一个证据。其次，就我所知，这些定义当中没有哪一个可以提供一个方法来构成我们所研究的对象，来制造滑稽[1]。

"我尝试了完全不同的方法。我在喜剧、闹剧、丑角艺术等中间探索了制造滑稽的方法。我发现这些方法都是同一更为广泛的主题的各种变奏。为了简便起见，我把主题记了下来，虽然重要的却是那些变奏。不管怎样吧，这个主题给我们提供了一个普遍的定义，也就是构造滑稽效果的一条规律。我也承认，用这种方法得出的定义，乍看起来可能太狭隘，正如用

1　在本书的许多地方，我们已经简略指出这些定义的不足之处。（原注）

另一种方法得出的各种定义失之过泛一样。我所下的定义之所以可能太狭隘，那是因为除了本质上可笑、本身就可笑、由于内在结构而可笑的东西以外，还有大量由于与这个东西表面相似，或由于与类似这个东西的另一事物存在某种偶然关系而可笑的事物。滑稽的这种弹跳式的扩张是无限的，因为我们爱笑，而只要能笑，任何借口都是好的。在滑稽这个问题上，把概念组合起来的办法极其复杂，以至于不采用把滑稽限死在一个公式，而采用我们这种方法从事滑稽的研究，必须克服不断出现的困难的那些心理学家，总不免被人指责为没有把一切事实都一一加以考虑。当他把他的理论应用到人们提出的例子，证明了这些例子之所以滑稽是由于与本身就滑稽的事物有所类似的时候，人们很容易反复不已地提出别的例子，这样一来，他就一辈子也闲不下来了。但是，他将能把滑稽掌握住，而不是把它关闭在一个圈子里就了事。如果他能把滑稽掌握住，他就能拿出制造滑稽的办法来。他就是以科学家的严格和精确从事研究。科学家并不认为给某一事物加上一个形容词就算对这个事物的认识进了一步，不管这个形容词是多么正确（合适的形容词总是可以找到许多的）。需要的是分析，而当我们能在分析之后把事物重新组合起来，我们就有把握说我们的分析是完全的了。我所尝试做的工作正是这样一项工作。

"我还想再补充一点：在我打算找出可笑事物的制造方法同时，我也探索了社会在笑的时候究竟是何意图这个问题。因为，有一件很奇怪的事情：人们笑了，可是我上面谈到的那种解释方法又不能阐明这点小小的奥秘。比如说，我就不明白为什么'不和谐'就会在目睹者身上引起像笑这样一种特殊表现，而那么多别的性质，不管是品质也好，缺点也好，却牵动不了旁观者面部的肌肉。因此必须探索产生滑稽效果的究竟是哪种特殊的不和谐的原因。而如果我们不能用这个原因来解释为什么在同样情况下社会感觉必须有所表示的话，我们还不算真正找到了这个原因。如此说来，在产生滑稽的原因当中必须有一种对社会生活有轻度侵害性（而且是特殊形式的侵害性）的东西，因为社会是用一种貌似防御性的姿态，一种使对方稍有畏惧的姿态来对付这种东西的。这些就是我想弄清楚的问题。"

译后记

《笑》汇集了亨利·柏格森（Henri Bergson，1859—1941）于1899年在《巴黎评论》发表的三篇论滑稽的文章，是作者的一部重要的美学著作。

柏格森主要是作为哲学家而知名的。他是19世纪末20世纪初法国的反动的唯心主义哲学家。他所鼓吹的生命哲学认为整个世界是体现着"生命的冲动"的一种叫作"创造的进化过程"的精神性过程。柏格森认为，物质只不过是这种"创造的进化过程"的中断，是"生命的冲动"的障碍物，而这种"创造的进化过程"则是完全没有规律可循的。这样，他就用这种基于"生命的冲动"的"创造的进化过程"的唯心的、神秘主义的观点来公开反对科学。他甚至得出创世主就是"物质和生命的推动力”这样一个宗教结论。

在认识论方面，柏格森否定理性的、逻辑的思维，认为人的理性不能认识世界的本质，不能认识他所谓的“生命的冲动”。他认为只有靠“直觉”才能认识世界，才能直接把握生命和意识。而他的所谓“直觉”，就是一种排斥分析的，不可言传的内心体验，完全是一种神秘主义的东西。

在社会学方面，柏格森公开为剥削和侵略辩护。他认为阶级的统治和支配是一种“自然的”社会状态，而以自由和平等原则为基础的民主则是“违反自然”的“妄举”。他把战争和侵略说成是“生命的冲动”在社会生活中的必然表现，因而是“自然的”“合理的”。这样，帝国主义和法西斯主义都借重他的学说，为自己的军事侵略进行辩护。

柏格森以唯心的、神秘主义的哲学观点为基础，宣扬非功利的纯艺术观。他把艺术和现实对立起来，认为艺术是和社会的决裂，其目的不是反映现实，而是揭开那“垂在现实与我们之间”，“垂在我们和我们的意识之间”的帷幕，去发现那隐藏在帷幕后面的“深刻的现实”。他所谓的“深刻的现实”，就是在现实世界之外的一个独立的艺术世界，是艺术家凭直觉感知的一个超脱社会生活，超脱客观世界的主观世界。对这种直觉主义的艺术观，柏格森在本书第三章中做了阐述，它是西方资产阶级形形色色的现代派文艺的理论根据之一。

但是在研究“笑”这个问题的时候，柏格森却不能不承认笑总是由某种属于人的东西引起的，笑必然有其社会功能。笑是人们对在生活中显得是机械的东西（用柏格森自己的话，就是"镶嵌在活的东西上面的机械的东西"）的一种反应。每当我们在某个人的言语或姿势中发现有这种机械自动的东西时，就要发笑。在人的性格中，无论是缺点也好，德行也好，只要这种缺点或德行显得是操纵这个人的一种机械装置时，我们就要发笑。因此，笑是一种社会姿态。社会借助笑来纠正那些行为脱出常轨的人，纠正那些心不在焉的人，叫他们不要脱离社会，不要"不合社会"。柏格森认为，喜剧的目的在于从人性中提炼出若干类型，这些类型以其机械自动性的外在表现而引我们发笑，它们促使我们省察我们自己，促使我们遵守公共的准则，促使我们更有益于社会，从而完成喜剧的社会功能。柏格森既然认为艺术是非功利的，是和社会的决裂，又不得不承认喜剧有它的社会功能，所以只好强词夺理地说喜剧既不完全属于艺术，又不完全属于生活，而是一种"介乎艺术与生活之间的中间物"了。这样，他也就贬低，甚至否定了喜剧在艺术中的地位。

在《笑》里，柏格森对各种滑稽，包括形式、动作、情景、语言以及性格的滑稽，做了精细的分析。特别是第三章，以全部篇幅分析了性格的滑稽。但是他的分析是把人物孤立起来进行的。他把人物的社会存在完全抹杀了。他把"可笑"当作一个抽象概念，模糊了讽刺对象。其实，历代伟大的喜剧总是嘲笑上层社会和统治者，同情被压迫者的反抗，赞美他们的机智的。反其道而行之的喜剧总是不能长期流传。在今天，我们的喜剧就是要揭露，要嘲笑一切阻碍社会发展的人物。对于国内外敌人，我们应该有辛辣的，甚至极其尖刻的喜剧，用笑来对他们进行无情的鞭笞。对于人民内部具有诸如违法乱纪、践踏民主、弄虚作假、官僚主义等这些坏作风和坏思想的人物，也应该有冷嘲热讽的喜剧。对于人民内部的一些轻微的缺点，也可以有亲切的调侃的喜剧，利用笑声作为纠正缺点、改造人民的手段。而在制造喜剧情景，刻画喜剧性格时，柏格森的某些论述对我们还是有一定参考价值的。

柏格森的这本书，新中国成立前曾有张闻天同志的译本，书名改为《笑之研究》。这次是根据原著重新翻译的，并用原著的书名——《笑》。